Schwimmtechnik im Kindertraining

Iris Komar

Schwimmtechnik im Kindertraining

Schmetterlingsschwimmen

Meyer & Meyer Verlag

Die Deutsche Bibliothek – CIP-Einheitsaufnahme

Komar, Iris:
Schwimmtechnik im Kindertraining / Iris Komar.
– Aachen : Meyer und Meyer. Schmetterlingsschwimmen. – 1997
(Reihe Die Schwimmbibliothek ; 7)
ISBN 3-89124-351-0
NE: Reihe Die Schwimmbibliothek

Fotos und Zeichnungen: François Cools, Olmen
Titelfoto: François Cools, Olmen
Umschlaggestaltung: Walter Neumann, N&N Design-Studio, Aachen
Umschlagbelichtung: Qualitho Lithographie GmbH, Essen
Belichtung: Dagmar Schmitz, Typeline, Aachen
Satz: Dagmar Schmitz, Typeline, Aachen
Lektorat: Dr. Irmgard Jaeger, Aachen
Druck: Druckerei Queck, Jüchen
Printed in Germany
ISBN 3-89124-351-0

Inhaltsverzeichnis

Seite

Vorbemerkung

Zur Vorbereitung auf ein Leistungstraining werden in diesem Band Übungs- und Lernprogramme zur Erarbeitung einer qualifizierten Schwimmtechnik des Schmetterlingsschwimmens, des Startsprunges und der Wende sowie der Lagenwende vom Schmetterlings- zum Rückenschwimmen behandelt.

Die schwimmtechnische Ausbildung des Schmetterlingsschwimmens sollte bereits im Kindertraining den höchsten Qualitätsansprüchen genügen und Schwimmbegeisterung und Lernfreude bei den Kindern fördern.

Einen Beitrag dazu liefert dieser 7. Band der „Schwimmtechnik im Kindertraining - Schmetterlingsschwimmen".

Im theoretischen Teil wird davon ausgegangen, daß der Trainer, Lehrer und Übungsleiter ein bestimmtes Fachwissen und auch spezielle Kenntnisse lerntheoretischer Grundsätze und Prinzipien zur schwimmtechnischen Ausbildung beherrschen muß. Ein gründliches Studium der für alle Schwimmtechniken gültigen pädagogischen Grundlagen im Band 4 dieser „Schwimmbibliothek" ist erforderlich und fördert das theoretische Grundwissen.

Für die gezielte Erhöhung der Qualität von anforderungsgerechter Schwimmtechnik und zur Realisierung von Höchstleistungen ist das Vorhandensein einer soliden Basis technisch-koordinativer sowie konditioneller Fähigkeiten notwendig; diese werden im theoretischen Teil dieses Bandes vorgestellt und erläutert.

Der Technikteil ist so aufgebaut, daß zur Vorbereitung und Durchführung des Schwimmtechnik-Lerntrainings die vorliegenden Bildausschnitte, Fotos, die Beschreibung der Technik des Bewegungsablaufs und die Lernprogramme verwendet werden können. Eine Vielzahl von Tips und trainingsbegleitenden Maßnahmen für das praktische Üben zur Technikstabilisierung werden zur Unterstützung einer qualifizierten Trainertätigkeit angeboten.

Das vorliegende Buch soll dazu beitragen, die Lust an einer der schwierigsten Bewegungsabläufe im Schwimmen mit spielerischen Lernformen zu fördern, die zu einer soliden Technik kombiniert werden sollen.

Iris Komar

1.
Theoretische Grundlagen – überarbeitet für die Trainingspraxis

Zu Beginn der Schwimmausbildung stehen zunächst die Techniken im Vordergrund, die sich mit der Fortbewegung im Wasser selbst befassen. Im langfristigen Leistungsaufbau wird im Kindertraining die Entwicklung der schwimmtechnischen Fertigkeiten in ihrer Anwendung bis hin zur Feinkoordination und einer individuellen, variablen Verfügbarkeit fortgesetzt.

Im Rahmen einer ***leistungsorientierten Zielstellung*** ist der Entwicklung einer ***effektiven Schwimmtechnik ein besonderer Stellenwert*** beizumessen. Das Niveau von Höchstleistungen ist immer stärker von den Leistungsvoraussetzungen abhängig, die bereits im Kindertraining geschaffen wurden.

Zur optimalen Lösung der schwimmsportlichen Zielstellung besitzt der leistungsorientierte Übungs- und Wettkampfbetrieb den Auftrag, bereits im Kindertraining den höchsten Anspruch an die Qualität der Technik zu erfüllen.

In den Schwimmprogrammen des Kindertrainings sollten für die technisch-koordinative Ausbildung ***Zwischenziele*** aufgestellt werden, die von der ***Endzielstellung des anzustrebenden Hochleistungstrainings abgeleitet sind.*** Die Erfüllung der Zwischenziele ist eine Voraussetzung der zunehmenden Belastbarkeit und Leistungssteigerung.

☞ Für die **sporttechnische Ausbildung im Wasser** gelten im ***langfristig planenden Leistungsaufbau*** folgende grundsätzliche ***Ansprüche***:

Abb. 1: Die Planung der schwimmtechnischen Ausbildung im langfristigen Leistungsaufbau (in Anlehnung an **Pfeifer, H.** 1985, S. 201, **Lewin, G.** 1982, S. 39)

1.1 Entwicklung des Schmetterlingsschwimmens

Erst 1930 entstand die Technik des Schmetterlingsschwimmens.

- Mit der ***Absicht, bessere Resultate im Brustschwimmen*** anzustreben, waren Schwimmsportler und Trainer auf der ständigen Suche nach effektiveren Schwimmbewegungen. Fürs erste wurden ***vor jeder Wende und Zielanschlag die Arme bis zu den Oberschenkeln gezogen und über Wasser zur Wand geschwungen.***

- Das ***Streben*** nach ***höheren Leistungen im Brustschwimmen ließ die Technik des Schmetterlingsschwimmens*** entstehen, indem zunächst nur über kürzere Strecken im Wettkampf, zu Beginn und im Schlußspurt, diese Ausführung der Armbewegung in wiederholter Folge angewandt wurde.

Seit 1935 wurde die Technik der Schmetterlings-Armbewegung beim Brustschwimmwettkampf von der FINA offiziell zugelassen.

- Die ***gültigen Wettkampfregeln*** sowie die ***verbesserten Trainingsmethoden*** führten zur ***allmählichen Verdrängung des traditionellen Brustschwimmens*** im Wettkampfsport. Seit ***1953 wurde diese Entwicklungstendenz*** durch weitere ***Änderungen der Wettkampfbestimmungen gestoppt.***

Mit dem FINA-Beschluß von 1953 existierten das Schmetterlingsschwimmen und das Brustschwimmen als zwei selbständige Schwimmarten im Wettkampfsport.

- Eine weitere ***Verbesserung der Technik*** des ***Schmetterlingsschwimmens***, insbesondere die neue Beinbewegung, wurde erstmalig von einem Schwimmer der Universität Iowa (USA), **Jack Sieg**, vorgestellt. Mit ***gleichzeitigem Auf- und Abwärtsschlag der Beine, „einem Fischschwanz" ähnlich***, gelang es ihm, diesen Beinschlag ***mit der Schmetterlingsarmbewegung zu verbinden***. Das Ergebnis dieser neuen Schmetterlingstechnik war eine Leistung von 1:00,2 min. auf 100 Yards.

- Die für das ***Schmetterlingsschwimmen typische „Delphinbewegung"*** wurde in Europa ***von den ungarischen Schwimmern*** **Fejer** und **Tumpek** weiterentwickelt. Erst mit dieser ***Koordinierung der Delphinbewegung zur Schmetterlingsarmbewegung*** setzte sich dieser Stil als eigenständige Schwimmart im Leistungssportbereich durch.

Im Wettkampfsport ist es seit 1953 offiziell von der FINA gestattet, diese Delphinbewegung zur Schmetterlingsarmbewegung anzuwenden.

1.2 Komponenten der schwimmtechnischen Ausbildung

! *Besonders das **Schmetterlingsschwimmen** betont den leistungssportlichen Charakter der vier Schwimmarten, während das **Rücken-, Kraul- und Brustschwimmen** auch als Grundlage für andere Anwendungsbereiche dient.*

➟ Diese leistungsorientierte Bewegungsaufgabe:***„Zurücklegen einer vorgegebenen Strecke im Wasser in möglichst kurzer Zeit bei Einhaltung der Wettkampfbestimmungen“*** (**Schramm, E.** 1987, S. 55), bezieht ***Leistungsvoraussetzungen*** ein, die bereits im Kindertraining grundlegend die Entwicklung beeinflussen.

➟ Zur ***Erhöhung der Qualität von anforderungsgerechter Schwimmtechnik und zur Realisierung von Höchstleistungen*** ist das Vorhandensein geeigneter **konditioneller** und **koordinativer Fähigkeiten** sowie **psychischer** und **intellektueller Eigenschaften** notwendig. Diese müssen außerdem weiterentwickelt und vervollkommnet werden.

Folgende Übersicht (siehe Abb. 2) soll einen vereinfachten schematischen Einblick in das **Bedingungsgefüge** der Leistungsvoraussetzungen zur Entwicklung einer **effektiven Schwimmtechnik** und **sportlicher Höchstleistung** geben.

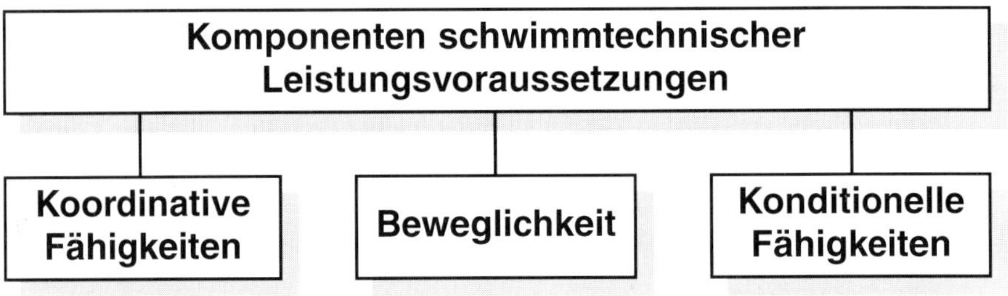

Abb. 2: Übersicht wesentlicher Komponenten zur Erhöhung der schwimmtechnischen Leistung im Sportschwimmen

In den folgenden Erläuterungen wird auf die zur Entwicklung schwimmtechnischer Leistungen wesentlichsten Komponenten näher eingegangen.

1.3 Technisch-koordinative Ausbildung

Als Voraussetzung im Kindertraining wird die technisch-koordinative Ausbildung realisiert. Nur darauf aufbauend, kann eine optimale Konditionierung des Sportlers ausgeprägt werden.

➡ Es ist eine Tatsache, daß ein einseitiges Trainieren und das Überbetonen einzelner Leistungsfaktoren bzw. das Vernachlässigen wichtiger Komponenten der Leistungsstruktur, besonders im Kindertraining, sich letztendlich hemmend auf die angestrebte schwimmtechnische Vervollkommnung auswirkt.

Die zielgerichtete systematische Entwicklung, Vervollkommnung und Stabilisierung der koordinativen Fähigkeiten stellt insbesondere in der Hinsicht schwierigster Bewegungsabläufe im Schmetterlingsschwimmen eine entscheidende Reserve dar.

➡ Die **koordinativen Fähigkeiten** stehen in den Ausbildungsetappen des Kindertrainings in engem **Zusammenhang mit den anderen Leistungskomponenten**, insbesondere mit den **konditionellen Fähigkeiten** und **schwimmtechnischen Fertigkeiten**.

Das Niveau der koordinativen Voraussetzungen bestimmt entscheidend das Leistungsniveau der konditionellen Fähigkeiten im Gesamtkonzept der schwimmerischen Leistungsfähigkeit!

➡ Die **koordinativen Fähigkeiten** vergrößern darüber hinaus die **Bewegungserfahrung des Übungsgutes** und **Variabilität zur Bewegungserweiterung im Konditionstraining** und garantieren eine **komplexe Entwicklung** und Vervollkommnung im **Gesamtgefüge schwimmerischer Leistung**.

Hervorragend entwickelte koordinative Fähigkeiten tragen zu einer effektiven gleichzeitigen Entwicklung und *„schnelleren Anpassung an ein erhöhtes konditionelles Fähigkeits- und an ein höheres bewegungstechnisches Fertigkeitsniveau bei“*. (Pfeifer, H. 1985, S. 125)

➡ Die **Erlernung der Delphinbewegung** kann bereits im ersten Jahr des Trainingsprozesses mit **allgemeinentwickelnden koordinativen Übungen** zur Erweiterung der Bewegungserfahrung vorgenommen werden. Eine **vielseitige, sportartgerichtete körperliche Ausbildung beim Land- und Wassertraining** ist für die **Erlernung des Schmetterlingsschwimmens** grundlegend zu beachten und durchzusetzen.

➡ Die **technisch-koordinative Ausbildung** der Schwimmtechniken in den Schwimmarten erfolgt nach einem **systematischen Aufbau- und Ausbildungsverfahren.**

In der folgende Übersicht werden die geplanten prozentualen Anteile der Schwimmarten in den Ausbildungsprogrammen verdeutlicht (bezogen auf die Gesamtkilometerumfänge):

Ausbildungsjahr SCHWIMMART	1. TJ* %-Anteile	2. TJ* %-Anteile	3. TJ* %-Anteile
Rückenschwimmen	35	26	24
Kraulschwimmen	33	29	32
Brustschwimmen	30	25	24
Schmetterlingsschwimmen	2 SK**	20	20

LEGENDE: *1./2./3.TJ = Schwimmtrainingsprogramme 1./2./3. Trainingsjahr
**SK = Schwimmkombination

*(vgl. **Komar, I.** 1995, „Schwimmtraining für Kinder", Bd. 1-3, S. 30)*

Beachte:

☞ Die ***Lernreihenfolge*** beginnt im ersten Trainingsjahr des Kindertrainings mit ***Rücken- und Kraulschwimmen*** und wird fortgesetzt mit ***Brustschwimmen***.

! ***Mit der Schmetterlingsarmbewegung wird erst im zweiten Trainingsjahr, etwa ab dem zweiten Trainingsabschnitt, begonnen.***

☞ Der **Gesamtaufbau der Schwimmtechniken** erfolgt auf der **Basis einer vielseitigen motorischen Bewegungserfahrung zu einer systematisch zunehmenden Spezialisierung** im Sinne einer sich verstärkenden schwimmart- und streckenspezifischen Ausrichtung des Übungs- und Trainingsprozesses.

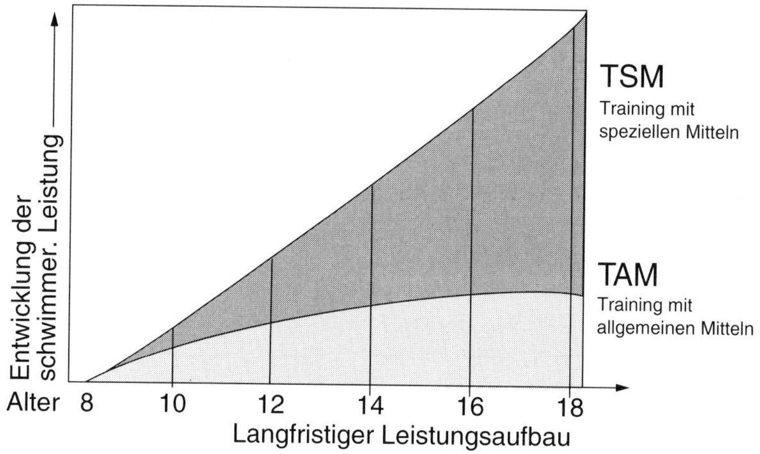

Abb. 3: Prinzipskizze der Einheit von Vielseitigkeit und Spezialisierung innerhalb des langfristigen Leistungsaufbaus im Sportschwimmen (in Anlehnung an **Pfeifer, H.** 1985)

Insbesondere im Kindertraining muß die Vielseitigkeit durch das Training mit allgemeinen Mitteln ➠ TAM relativ groß sein!

➠ Durch eine solide **Basis der körperlichen Ausbildung** sowie einem **hohen Grad an Bewegungserfahrungen** kann bei diesen Sportlern die speziell ausgerichtete **Ausbildung der Schwimmtechniken, Starts und Wenden** mit ihren komplizierten Bewegungsanforderungen **schneller und qualifizierter herausgebildet werden**.

➠ Beim planmäßigen **Technik-Lerntraining** werden sowohl **allgemeinentwickelnde koordinative Übungen** als auch **spezifische Übungen für das Schmetterlingsschwimmen** unterstützend eingesetzt. Einige ausgewählte koordinative Übungsbeispiele werden in dem 2. Abschnitt – Tips zum Techniktraining, S. 27 ff. vorgestellt.

Im Kindertraining muß der Grundsatz gelten:

Eine vielseitige, sportartgerichtete Ausbildung vorzunehmen und möglichst alle Sportschwimmarten mit einer effektiven Schwimmtechnik auszubilden.

Von den in der wissenschaftlichen Auseinandersetzung sehr unterschiedlich dargestellten, **koordinativen Fähigkeitsbereichen** lassen sich folgende fundamentalen koordinativen Fähigkeiten als bedeutend ***für die sporttechnische Schwimmausbildung*** herausstellen:

- ***Differenzierungsfähigkeit,*** als eine Fähigkeit, ***feine Nuancen in der zeitlichen, räumlichen und dynamischen Struktur der Bewegung*** unterscheiden zu können;

- ***Gleichgewichts- und Stabilisierungsfähigkeit*** tritt dann zutage, wenn z.B. beim ***Startsprung*** eine ***Verlagerung des Körperschwerpunktes*** eintritt, sowie nach dem ***Start*** und der ***Wende*** die ***gewünschte Körperlage*** eingenommen wird;

- ***Orientierungsfähigkeit*** bezieht sich auf die ***Bestimmung der Lage des Körpers*** und seiner Teile im Raum während sportlicher Handlungen mit stärkeren Lageveränderungen, die beispielsweise zur Realisierung einer ***zweckvollen und ökonomischen Wendentechnik*** notwendig sind;

- ***Rhythmisierungsfähigkeit*** ist die Fähigkeit, ***Bewegungen*** in einer charakteristischen ***zeitlich-dynamischen Verlaufsform*** umsetzen zu können. Sie hat vorrangig auf die ***Bewegungsökonomie***, wie z.B. die ***Schwimmtechnik***, grundlegenden Einfluß;

- ***Reaktionsfähigkeit*** erfordert eine ***schnelle Reaktion*** auf ein meist akustisches Signal, ***mit*** einer ***sofortigen Bewegungsauslösung***, situativ angemessen zu reagieren, wie beispielsweise die Reaktion auf das Startkommando;

- ***Kopplungsfähigkeit*** ist die Voraussetzung für die ***Koordination der verschiedenen Teilbewegungen*** und für das Schwimmen bedeutsam im Zusammenspiel der ***Arm-, Bein- und Atmungsbewegungen.***

Die Ausprägung einzelner koordinativer Fähigkeiten sollte insbesondere beim Training an Land unter günstigeren und vielfältigeren Voraussetzungen indirekt entwickelt werden.

Nur Schwimmsportler mit einer soliden Basis an technisch-koordinativen Fähigkeiten sind in der Lage, den anstehenden Leistungsanforderungen gerecht zu werden.

1.4 Beweglichkeit und Dehnbarkeit

Das Niveau der Beweglichkeit und Dehnbarkeit ist für die Ausprägung einer effektiven Schwimmtechnik eine elementare Voraussetzung.

- Für die ***Trainingspraxis*** bedeutet dies, schon in den ersten Trainingsjahren mit gymnastischen Übungen zu beginnen, um das erreichte ***Niveau der Beweglichkeit und Dehnbarkeit*** sowie die erworbene ***motorische Bewegungserfahrung*** auf die ***Ausprägung einer effektiven Schwimmtechnik umsetzen zu können*** und auch kontinuierlich die Umsetzung in die Wettkampfleistung zu sichern.

- Das **Beweglichkeitstraining** ist gesondert, mit eigens dafür entwickeltem Übungsgut, durchzuführen. Große Bewegungsweiten der ***sportartspezifisch bedeutsamen Gelenke, Schulter-, Hüft- und Fußgelenk***, werden durch Körperübungen zur Entwicklung der **aktiven** und **passiven Beweglichkeit** erreicht.

Beweglichkeit

- **Aktive Beweglichkeit**

  Bei ***aktiver Beweglichkeit*** wird davon ausgegangen, daß der ***Sportler selbständig*** und ohne äußere Nachhilfe, allein durch die Tätigkeit seiner Muskeln, eine ***größtmögliche Bewegungsweite in den Gelenken*** erreichen kann.

- **Passive Beweglichkeit**

  Bei der **passiven Beweglichkeit** wird die ***größtmögliche Bewegungsweite durch die Nachhilfe*** des ***Trainingspartners***, den Einsatz eines ***Sportgerätes*** oder des ***eigenen Körpergewichts*** erreicht.

Körperübungen zur Ausprägung der passiven Beweglichkeit werden heutzutage wegen der möglichen Gefährdungen, in geringerem Maße und mit großer Vorsicht eingesetzt.

Abb. 4: Aktive und passive Beweglichkeit

1.5 Entwicklung konditioneller Fähigkeiten

! *Bezüglich der Basisstruktur der schwimmtechnischen Entwicklung stellen die konditionellen Fähigkeiten einen entscheidenden leistungsbestimmenden Faktor dar.*

➡ Die im **Konditionstraining** des Sportschwimmens zu entwickelnden konditionellen Leistungsvoraussetzungen werden in ***Teilfähigkeiten weiter untergliedert***, wie in der folgenden Übersicht dargestellt wird.

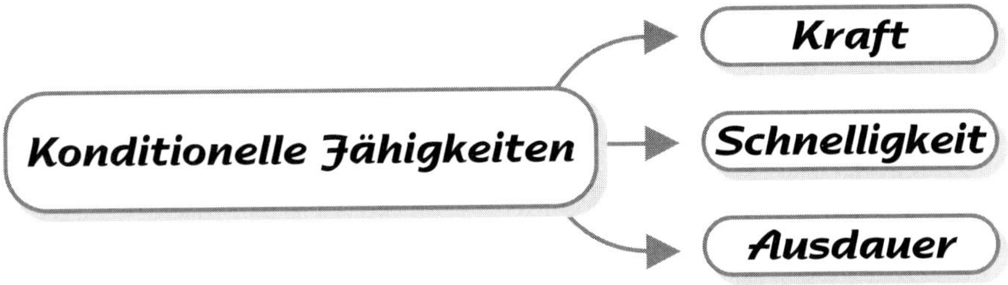

Abb. 5: Übersicht konditioneller Fähigkeiten beim Kindertraining zur Entwicklung schwimmtechnischer Höchstleistungen

Diese **konditionellen Fähigkeiten**, im Komplex gesehen, sind die ***Grundlage*** zur Realisierung ***höchster Ansprüche hinsichtlich der Qualität der Technik*** sowie der Entwicklung ***schwimmsportlicher Höchstleistungen.***

▲ Entwicklung der Kraft

● Für die ***Stabilität und Einhaltung des schwimmtechnischen Niveaus*** über den geforderten Belastungszeitraum haben bereits im Kindertraining die ***Kraftfähigkeiten einen grundlegenden und voraussetzenden Einfluß***. Deshalb ist es notwendig, während des Kindertrainings auf eine ***harmonische und vielseitige Entwicklung allgemeiner Kraftfähigkeiten***, insbesondere der Kräftigung von ***Arm-, Rumpf-, Rücken- und Beinmuskulatur*** zu achten.

- In den Jahren des **Kindertrainings** wird generell infolge des empfindlichen Binde- und Stützgewebes zur **Verbesserung der allgemeinen Kraftfähigkeiten** als Bewegungswiderstand **ausschließlich das eigene Körpergewicht** verwendet. Mit **zunehmendem Trainings- und Lebensalter** wird das **Krafttraining** im langfristigen Leistungsaufbau mehr und mehr **spezialisiert**.

▲ Schnelligkeitsfähigkeiten

- Für die **optimale Umsetzung effektiver Schwimmtechniken** nimmt die Entwicklung der **Schnelligkeit eine entscheidende Position** ein, da die überwiegenden **Anforderungen der Wettkampfdisziplinen Kurzzeitausdauerleistungen fordern.** Im Sportschwimmen wird unter ***Schnelligkeit*** in erster Linie die ***konditionelle Fähigkeit*** verstanden, ***„die auf der Grundlage zweckmäßiger, kräftiger und relativ hochfrequenter zyklischer Bewegungen zu einer möglichst hohen Schwimmgeschwindigkeit führt“***. (**Schramm, E.** 1987, S. 256).

- Die ***Entwicklung von Schnelligkeitsfähigkeiten*** ist bereits in den ***jüngeren Altersklassen zu beachten,*** da diese mit zunehmendem Trainingsalter nicht mehr in gleicher Weise ausgeprägt werden können. Aus der Entwicklungsspychologie des Kindes- und Jugendalters ist bekannt, daß der ***Antrieb zu schnellen Bewegungen bei jüngeren Kindern stärker ausgeprägt ist und diese sich mit zunehmendem Alter in bewußte (langsamere) Handlungen umsetzen.***

> **!** **Diese entwicklungsbedingte Situation sollten die Trainer im Interesse der Entwicklung des Kindes und letztlich auch der optimalen Umsetzung effektiver Schwimmtechniken kontinuierlich nutzen und ausprägen.**

Das **schnelligkeitsorientierte Techniktraining** von Schwimmsportlern umfaßt folgende **drei Bestandteile** in der schwimmerischen Ausbildung:

➤ Die ***lokomotorische Schnelligkeit,*** charakterisiert als eine Fähigkeit des Schwimmers, höchstmögliche Schwimmgeschwindigkeiten bei kurzzeitiger Belastungsdauer zu erreichen.

- Die ***Reaktionsschnelligkeit***, als der Zeitraum vom Auslösen eines Signals bis zum Beginn der sportlichen Bewegung definiert.

- Die ***Aktionsschnelligkeit*** drückt sich in der Ausführung einer begrenzten motorischen Handlung (einer Einzelaktion) gegen die dabei auftretenden äußeren Widerstände in möglichst kurzer Zeit aus.

! **Diese drei Bestandteile des schnelligkeitsorientierten Kindertrainings haben einen entscheidenden Einfluß bei der Entwicklung der maximalen Schwimmschnelligkeit der vier Schwimmarten im Wasser sowie hinsichtlich der Rentabilität der Starts und Wenden.**

Tips für die Praxis

- Das ***schnelligkeitsorientierte Techniktraining*** sollte insbesondere beim ***Training an Land*** unter günstigeren und vielfältigeren Voraussetzungen vorbereitend indirekt ***entwickelt werden!***

- Für die Praxis des ***Technik-Lerntrainings*** bedeutet dies, akzentuiert

  - ***kürzere Teilstrecken***
  - ***(relativ) geringe Anzahl von Wiederholungen***
  - ***hohe Intensität***
  - ***lange Pausen***
  - ***sprint- und lernzielorientierte, koordinative Spielformen***

anzuwenden.

- Für ein ***qualitätsgerechtes Techniktraining*** sind die

  - ***Wahl der Streckenlänge***
  - ***Auswahl und Anzahl der Serien***

entsprechend dem

- ***konditionellen, technisch-koordinativen Entwicklungsstand*** und
- ***des Aufnahmevermögens → Konzentrationsfähigkeit***

der Sportler abzustimmen!

☞ Das ***Lerntraining der Einzelbewegungen*** der Arme oder Beine sollte vorrangig absolviert werden über

● ***kurze Teilstrecken mit*** ● ***hoher Bewegungsintensität.***

Werden im Training die Strecken zu lang gewählt, tritt zunehmend ein Technikverlust auf und es werden fehlerhafte, unzweckmäßige Bewegungsausführungen herausgebildet, die sich bei Verfestigung nur schwer und sehr mühevoll beseitigen lassen. (Pirl, J. 1985, S. 15)

▲ Entwicklung der Ausdauerfähigkeit

● Für die ***Einhaltung des technisch-koordinativen Niveaus*** über den geforderten Belastungszeitraum hat die ***Entwicklung der Ausdauer einen grundlegenden Einfluß.*** Die für alle Disziplinen des Sportschwimmens notwendige Ausdauer wird verstanden als ***Widerstandsfähigkeit des Organismus gegen Ermüdung*** bei vielseitigen sportlichen Anforderungen. (**Thiess/Schnabel** 1985 S. 23).

● Aus physiologischer Sicht bestehen **zwei Arten** der ***Stoffwechsel- und Energielieferungsprozesse bei Ausdaueranforderungen***, die je nach der Energiebereitstellung beteiligt sind. Danach unterscheidet man **aerobe** und **anaerobe Ausdauer**.

Ausdauer

● **aerobe Ausdauer**

Bei *aerober Ausdauer* handelt es sich um eine Belastung, bei der die *Energiebereitstellung* weitgehend durch die mögliche Sauerstoffzufuhr abgedeckt wird (oxydativ); *Sauerstoffaufnahme und Sauerstoffverbrauch stehen im Gleichgewicht.* Diese Form der Energielieferung ist durch Beanspruchung oxydativer Prozesse trainierbar. Entsprechende Belastungsformen sind weniger intensiv, sie lassen sich lange aufrecht erhalten.

● **anaerobe Ausdauer**

Bei der *anaeroben Ausdauer* muß eine *Sauerstoffschuld* eingegangen werden, das heißt, der *Sauerstoffbedarf liegt höher als die Kapazität der Sauerstoffaufnahme und eine nichtoxydative Form der Energielieferung* muß zur Überbrückung eingesetzt werden. Die Belastung unter anaeroben Bedingungen ist im Vergleich zu aeroben Bedingungen relativ hoch und nur eine begrenzte Zeit möglich.

1.6 Zum Lern- und Konditionstraining

! ***Beim Kindertraining im schwimmsportlich orientierten Übungs- und Wettkampfbetrieb sind für das Lern- und Konditionstraining im allgemeinen sowie für das Schmetterlingsschwimmen im besonderen zu unterscheiden zwischen dem***

- ***speziellen Technik-Lerntraining***

und der

- ***Technikschulung beim Konditionstraining.***

• *Spezielles Technik-Lerntraining*

Spezielles Technik-Lerntraining ist grundsätzlich einzuplanen, wenn ***neue technische Bewegungsfertigkeiten*** bzw. ***qualitativ höhere schwimmtechnische Anforderungen*** erarbeitet werden sollen. Die dafür erforderliche ***Konditionierung als Trainingsaufgabe ist dabei zweitrangig.***

Tips für die Praxis

☞ ***Das Technik-Lerntraining*** umfaßt ca. ***20-30% der Gesamttrainingszeit*** beim Kindertraining!

☞ ***Kurze Teilstreckenlängen*** (10-25 m), die die exakte Einhaltung des technischen Bewegungsmerkmals durch die Sportler gewährleisten!

☞ Die ***Pausen*** müssen so lang sein, daß

- ***Hinweise zur Korrektur bzw. Bekräftigung*** vom Trainer gegeben werden können;
- die ***vollständige Konzentration auf die Bewegungsaufgabe vom Sportler*** gewährleistet ist sowie
- in der geplanten Zeit ***ausreichende Übungswiederholungen des Technikmerkmals*** garantiert werden!

☞ Die ***Intensität der Bewegungsaufgabe*** ist auf die anzustrebende ***Wettkampfstruktur*** auszurichten, die im allgemeinen ***relativ hoch*** sein soll (schnelle Bewegungen für einen effektiven Vortrieb).

☞ Die ***Dauer des Lerntrainings*** beträgt maximal ***20 Minuten pro Trainingseinheit bzw. mindestens einmal wöchentlich*** und ist abhängig vom:

- Alter und Entwicklungsstand,
- technischen Entwicklungsniveau der Trainingsgruppe,
- Konzentrationsfähigkeit sowie den
- konditionellen und koordinativen Voraussetzungen.

!

Für das Technik-Lerntraining des Schmetterlingsschwimmens erweist sich die kurzzeitige Verwendung von Schwimmflossen als zweckmäßig!

- ***Konditionstraining mit Technikschulung***

Der Vervollkommnungsprozeß von Technikelementen wird während des Konditionstrainings durchgeführt.

Die *Erfüllung technischer Anforderungen* der Schwimmbewegungen ist als *integrierender Bestandteil der Trainingsaufgabe* ebenso zu fordern und zu kontrollieren wie die Schwerpunkte der Belastungsvorgaben.

Praxishinweise

☞ Die ***Teilstreckenlänge*** richtet sich nach dem ***technisch-konditionellen Entwicklungsstand*** und sollte ***mindestens bis 100 m*** gefordert werden!

☞ Die ***Pausengestaltung*** richtet sich nach der ***konditionellen Aufgabenstellung!***

☞ Die ***Informationsgebung durch den Trainer*** während des Wassertrainings ist möglich durch

- ***konkrete und kurzgefaßte technische Anweisungen in den Pausen,***
- ***aussagekräftige und eindeutige Zeichensprache,***
- ***begrenzt formulierte Befragung als Rückinformation in den Pausen.***

☞ Die ***Informationsgestaltung*** von ***einem bis maximal zwei technischen Akzenten*** sollte ***auf die gesamte Trainingsgruppe***, nicht nur auf vereinzelte Sportler ausgerichtet sein!

☞ Eine ***wirksame Technikvervollkommnung*** kann ***nicht über die gesamte Belastungszeit des Konditionstrainings*** erfolgen. Die Sportler sind unter physischer und psychischer Ermüdung kaum in der Lage, Technik-Korrekturhinweise aufzunehmen und in die Bewegung umzusetzen.

!

Zu **Beginn**

jeder Trainingseinheit

sind

koordinativ schulende Übungsaufgaben

zur Vorbereitung

der

nachfolgend geforderten

Bewegungsvorgaben

im Konditionstraining

empfehlenswert.

2. Technik

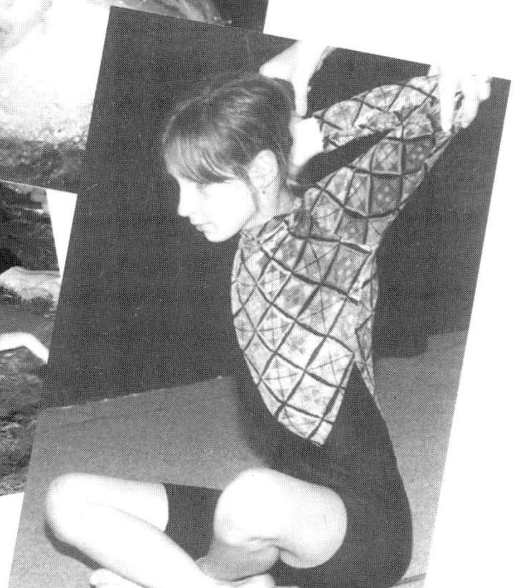

2.1. Methodische Hinweise für die Arbeit mit den Technikprogrammen

Die folgenden Ausführungen enthalten die ***Technikschwerpunkte,*** die ***Grundanforderungen,*** die ***Lernabfolge*** sowie Hinweise zur Verbesserung bzw. Korrektur der Schwimmtechnik Schmetterlingsschwimmen, zum Startsprung, der Wende im Schmetterlingsschwimmen und der Lagenwende vom Schmetterlings- zum Rückenschwimmen.

A: Technikschwerpunkte

Die *folgenden* ***Bildreihen des Schmetterlingsschwimmens, des Starts und der Wenden*** bilden die wesentlichen ***Technikschwerpunkte;*** außerdem sind ausgewählte Bildausschnitte mit ***verbalen Hinweisen*** bzw. gedanklichen ***Tips für den Lern- und Vervollkommnungsprozeß*** enthalten.

Für das Training und hauptsächlich für die Wettkämpfe ist die Bewältigung einer guten *Start- und Wendetechnik* unerläßlich.

Durch den ***Start*** soll ***„möglichst schnell eine für das Schwimmen günstige Körperlage mit hoher Anfangsgeschwindigkeit"*** (**Renner/Dietze/Müller** 1987, S. 14) erzielt werden.

Beim Kindertraining wird das ***Technik-Lerntraining*** des ***Startsprunges*** für das Schmetterlingsschwimmen vom Block als ***Streckstart*** *mit* ***Greifhaltung*** verwirklicht.

Die *Wenden* sind gegenüber den Starts von zusätzlicher Wichtigkeit, da diese im Training bzw. Wettkampf mehrmals ausgeführt werden.

Die ***Wende*** wird im Sportschwimmen definiert als eine ***„Umkehr am Ende der Schwimmbahn zur Fortsetzung eines Wettkampfes, wenn die Strecke länger als eine Bahn ist".*** (**Thiess/Schnabel/Baumann** 1980, S. 257)

Für eine qualitativ gute Wendentechnik ist auch das *Niveau der Ausdauerentwicklung* entscheidend!

- Für das ***Technik-Lerntraining des Schmetterlingsschwimmens*** werden im Kindertraining folgende ***Ausführungsarten der Wende*** empfohlen:

- **Schmetterlingsschwimmen:** ➟ ***hohe, seitliche Drehwende***
- **Lagenschwimmen:** **Schmetterlingsschwimmen zum Rückenschwimmen** ➟ ***hohe Wende***.

B: Grundanforderungen

- In regelmäßigen Abständen sollte das ***Ergebnis des Technik-Lerntrainings hinsichtlich seiner Zweckmäßigkeit*** mit den ***Grundanforderungen der Schwimmarten, der Starts und Wenden verglichen werden.***

Im Kindertraining erfolgt die ***Auswertung des Lern- und Vervollkommnungsprozesses vorwiegend gruppenspezifisch***. Die gruppentypischen Abweichungen von den technischen Grundanforderungen sind richtungsweisend für das weitere trainingsmethodische Herangehen.

C: Lernabfolge

- Zur Erlernung und Vervollkommnung der Schwimmtechnik, der Starts und Wenden werden bei der „Lernabfolge" praktische Tips für eine erfolgreiche Gestaltung der einzelnen Lernschritte im Kindertraining angeboten.

➟ In der ***Lernabfolge*** werden die ***technischen Teilanforderungen den Schwerpunkten innerhalb der Bewegungsausführung zugeordnet.***

➟ Die (numerierte) ***Lernabfolge ist beizubehalten***, jedoch kann die ***Reihung der Teilanforderungen*** je nach gruppentypischer Situation ***variiert werden***.

➟ Die angebotenen ***Übungsmöglichkeiten (an Land/im Wasser)*** sind dem entsprechenden ***Entwicklungsniveau anzupassen***.

Tips zum Techniktraining

Mit der Entwicklung der Technik der Sportschwimmarten, der schwimmartspezifischen Starts und Wenden erfolgt der systematische Erarbeitungs- und Vervollkommnungsprozeß mit folgenden, zu beachtenden ***Regeln***:

- ***Vom Einfachen zum Schweren*** ➟ jeder einzelne Lernschritt sollte geduldig und systematisch erarbeitet und vom Sportler beherrscht werden, ehe mit dem folgenden (schweren) Schwerpunkt der Lernprozeß fortgesetzt wird.
- ***Einsatz von Schwimmflossen*** ist während der Technikschulung der Delphinbewegung zweckmäßig und zur Schulung koordinativer Voraussetzungen sowie der Verbesserung des Abdruckes vom Wasser einzusetzen. Flossen erleichtern ebenfalls die Erlernung der Gesamtbewegung des Schmetterlingsschwimmens, indem der Beinschlag verstärkt wird.

Unmittelbar nach dem Techniktraining mit Schwimmflossen sind Schwimmbewegungen ohne Schwimmflossen anzuschließen.

- ***Ausreichende Übungswiederholungen*** zur Herausbildung technischer Bewegungsfertigkeiten, so daß Korrekturhinweise zur zweckmäßigen Bewegungsausführung durch die Sportler umgesetzt werden können.
- Für die Erlernung der ***Armbewegung*** empfiehlt sich das „Mitbewegen" der Beine bzw. der zusätzliche Einsatz von Schwimmflossen auf kurzen Teilstrecken.
- ***Bei Einzelbewegungen muß Gesamtbewegung folgen,*** d.h. die vorausgehende Schulung der Einzelbewegung der Beine bzw. Arme bildet den Schwerpunkt für die folgende Gesamtbewegung.
- ***Hohe Effektivität*** durch kontinuierliches Anwenden von verbalen Technikanweisungen in Verbindung mit der Zeichensprache.
- ***Direkte Korrektur*** von Technikinformationen von gruppenspezifischen sowie individuellen, technikspezifischen Mängeln.

Eine Korrektur von Technikinformationen nach Abschluß des Trainings ist wirkungslos, da die Sportler diese Hinweise nachfolgend nicht mehr verarbeiten und bewegungsmotorisch umsetzen können.

☞ *Praxisbeispiele allgemeinentwickelnder koordinativer Übungen im Wasser*

Übungsbasis	Variation	Erhöhung der Schwierigkeit
➤ **Ruderbewegung der Hände seitlich neben dem Körper in Hüfthöhe.**	• Rückenlage kopfwärts „rudern“. • Rückenlage fußwärts „rudern“.	• „Rudern“ mit Herausnehmen der Hände aus dem Wasser.
➤ **Ruderbewegung der Hände vor dem Kopf mit gestreckten Armen.**	• Bauchlage kopfwärts/fußwärts „rudern“.	• Variation der Geschwindigkeiten bzw. vorgegebenen Tempowechsel.
➤ **„Hundepaddeln“ in Brustlage.**	• Mit Beinbewegung ➞ KB oder BB. • Mit Wechsel der Beinbewegung ➞ KB / BB. • Mit „großen“ KA unter Wasser vor dem Kopf.	• „Hundepaddeln“ mit Herausnehmen der Hände aus dem Wasser. • Variation der Geschwindigkeiten bzw. vorgegebenen Tempowechsel.
➤ **RGL** **(Rückengleichschlagbewegung der Arme).**	• RGL ohne Beinbewegung mit Schwimmbrett o. PB zwischen den Beinen. • RGL mit Beinbewegung BB, RB, DB.	• RGL mit betont langsamen oder schnelleren Armzügen und Beinbewegungen. • RGL mit Wechsel der Beinbewegung.
➤ **Rückenlage mit BB.**	• BB in RL mit RA. • BB in RL mit gestreckten Armen. ➞ Arme in Seithalte. ➞ Arme in Hochhalte.	• BB in RL mit Festhalten des PB/Ball in der Hochhalte bei gut gestreckten Armen.
➤ **SK** **(Schwimmkombinationen mit Teilbewegungen verschiedener Schwimmarten).**	• RA + BB. • RA + DB mit/ohne SF. • KA + BB. • KA + DB mit/ohne SF. • BA + KB mit/ohne SF. • BA + DB mit/ohne SF. • SA + KB mit/ohne SF.	• Variation der Geschwindigkeiten bzw. vorgegebenen Tempowechsel. • Wechsel der Kombinationsform nach vorgegebener Zugzahl.
➤ **Diagonalschwimmen** **(diagonales Ausführen der Teilbewegung).**	• Armbewegung mit dem rechten Arm + linker Beinbewegung bei gut gestrecktem rechten Bein und linken Arm und umgekehrt.	• Variation der Schwimmarten. • Wechsel der Kombinationsform nach vorgegebener Zugzahl. • Variation des Tempos.

(In Anlehnung an ***Pfeifer, H.*** *1985, S. 127-129)*

Bei der Auswahl von Schwimmkombinationen sollte das Technik-Lernziel im Vordergrund stehen!

☞ *Praxisbeispiele spezifischer koordinativer Übungen für das Schmetterlingsschwimmen*

Übungsbasis	Variation	Erhöhung der Schwierigkeit
Beachte: **Die hohe Bedeutung der Kopfsteuerung und zur Bewegungsunterstützung!**		
➤ **DB in RL** **(Delphinbewegung in Rückenlage).**	• Arme nach oben gestreckt. • Arme seitlich am Körper. • Arme auf dem Rücken verschränkt.	• Ohne oder mit Schwimmflossen (SF). • Variation der Bewegungsgeschwindigkeit.
➤ **DB in SL** ➞ **li.** ➞ **re.** **(DB in Seitlage).**	• Ein Arm der tiefer liegenden Schulter liegt nach oben gestreckt, der andere Arm liegt seitlich am Körper.	• Ohne oder mit SF.
➤ **DB in BL** **(DB in Bauchlage).**	• Arme nach vorn gestreckt und zusammen. • Arme nach vorn mit Festhalten des Ball oder PB. • Arme seitlich am Körper.	• Ohne oder mit SF.
➤ **Delphinspringen** **(Flach- oder Tiefwasser).**	• Vom Bassingrund abstoßen, und peitschenartigen Beinschlag bei gleichzeitigem Nachvornstrecken der Arme ins Wasser eintauchen.	• Ohne oder mit SF. • Hohe oder flache Sprünge. • 3-5 DB unter Wasser.
➤ **SK + K einarmig** **(Schwimmkombinationen mit Teilbewegungen der Kraularmbewegung).**	• KA einarmig + DB ➞ z.B.: 4 x rechter Arm + 4 x linker Arm mit 2er Atmung seitwärts. ***! Pro Armzug erfolgen mindestens 2 DB.***	• Ohne oder mit SF. • Wechsel der Kombinationsform nach vorgegebener Zugzahl.
➤ **Koordination der Schmetterlingsbewegung.**	• Aus der DB in BL +Übergang in die Gesamtbewegung ➞ z.B.: 5-12 DB unter Wasser + S bis 25 m. • 4-6 DB in BL + 4-6 S-Gesamtbewegung u.s.w. ***! Beachtung des 2er Atemzyklus***	• Ohne oder mit SF. • Variation der Bewegungsgeschwindigkeit. • Veränderung der Schlagweite.
➤ **Koordination der Atmung.**	• DB und S mit Variation des Atemrhythmus 2er bis 6er Atmung.	• Ohne oder mit SF.

Merke: **Lange und kontinuierliche Ausatmung (nicht ruckartig)!**
Kurze, aber intensive Einatmung!

(In Anlehnung an ***Pfeifer, H.*** *1985, S. 133-135)*

Nur Schwimmsportler mit einer soliden Basis an technisch-koordinativen Fähigkeiten sind in der Lage, den anstehenden Leistungsanforderungen gerecht zu werden.

2.2
Schmetterlingsschwimmen

Aufgabenstellung:

Schnelles Fortbewegen im Wasser in der Brustlage
mit dem Einsatz vortriebswirksamer Gleichzugbewegungen der Arme
und Gleichschlagbewegungen der Beine und
Delphinbewegungen des gesamten Körpers
bei einer strömungsgünstigen Körperlage sowie
der Beherrschung einer zweckmäßigen Atmung.

A: Technikschwerpunkte – Schmetterlingsschwimmen

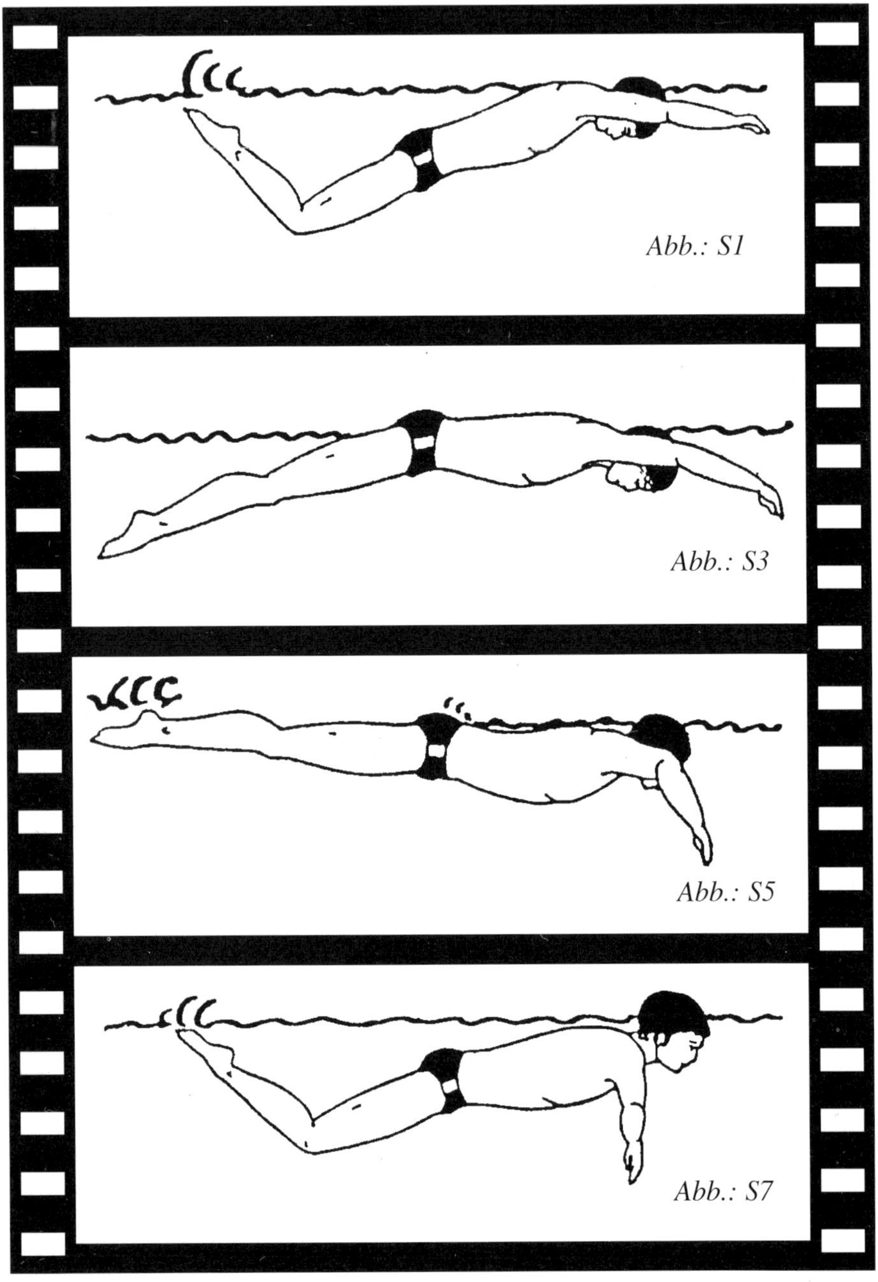

Abb.: S1

Abb.: S3

Abb.: S5

Abb.: S7

Abb. S1 und S2

Arme:
- Etwa schulterbreit und mit genügender Streckung der Arme ins Wasser eintauchen.
- Anstellen der Hände zum „Wasserfassen“ in der einleitenden Phase.

Beine:
- Die Beine sind im Abwärtsschlag.

Atmung:
- Beginn des Ausatmens nach dem Eintauchen der Hände ins Wasser.
- Ausatmung durch Mund und Nase ins Wasser.

Abb. S3, S4, S5 und S6

Arme:
- Mit Beginn des Armzuges, Beugung der Arme im Ellenbogengelenk, die Handflächen sind dabei etwas auswärts geneigt.
- Einbeziehen der Unterarme für den Abdruck im Wasser durch „Ellenbogen-vorn-Haltung“.

Beine:
- Die Beine sind im Aufwärtsschlag, wobei die Hüfte der Bewegung der Beine nach oben vorausgeht.

Atmung:
- Anhaltende Ausatmung durch Mund und Nase oder nur durch den Mund.

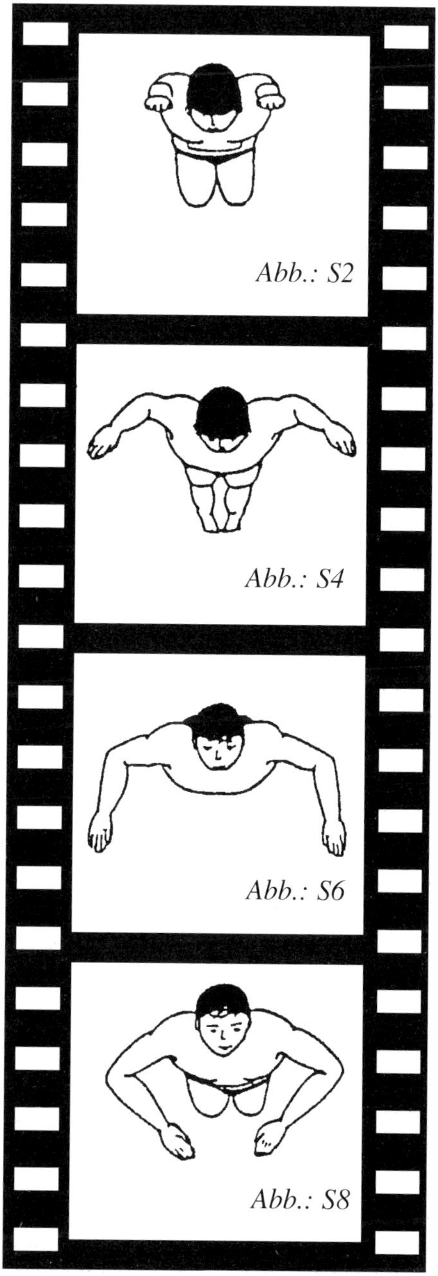

Abb.: S2

Abb.: S4

Abb.: S6

Abb.: S8

A: Technikschwerpunkte – Schmetterlingsschwimmen

Abb.: S9

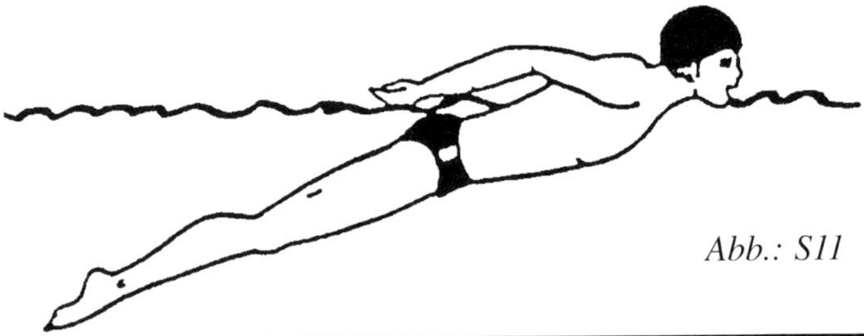

Abb.: S11

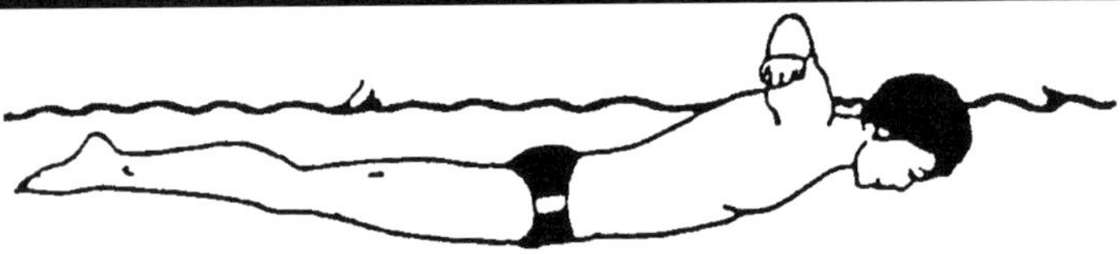

Abb.: S13

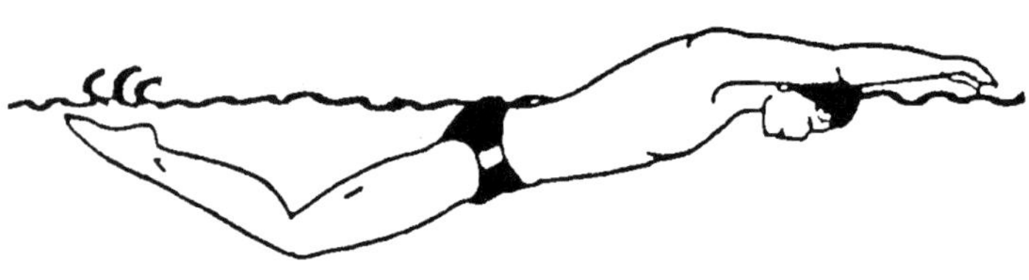

Abb.: S15

Abb. S7, S8, S9 und S10

Arme:

- Strecken der Arme in der Hauptphase und Drücken der Hände bis zum Oberschenkel in der Abdruckphase.
- Größte Geschwindigkeit der Hände gegen Ende der Abdruckbewegung.

Beine:

- Die Beine haben den zweiten Abwärtsschlag begonnen, während die Hüfte und die Oberschenkel sich schon wieder der Oberfläche nähern.

Atmung:

- Am Ende der Abdruckphase der Arme wird der Kopf durch Nackenbeugung angehoben und es erfolgt die Einatmung.

Abb. S11, S12, S13, S14, S15 und S16

Arme:

- In der vorbereitenden Phase, beim Vorschwingen der Arme über Wasser, sind die Arme leicht gebeugt, entspannt mit hoher „Ellenbogenhaltung“.

Beine:

- Hüfte und Beine beginnen den ersten Abwärtsschlag der folgenden Gesamtbewegung.

Atmung:

- Der Kopf senkt sich wieder und die Einatmung ist beendet.
- Rhythmische Ein- und Ausatmung innerhalb zweier Armzyklen.

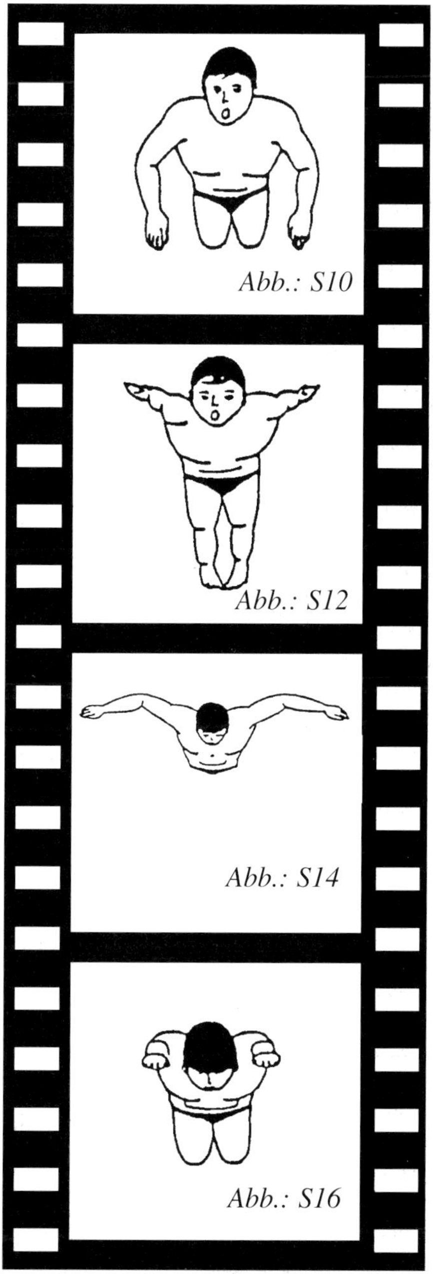

B: Grundanforderungen – Schmetterlingsschwimmen

Für die Erfassung der Güte „Bewegungsausführung“ im Schmetterlingsschwimmen sind die folgenden ausgewählten Bewegungsmerkmale zu beachten:

Grundanforderungen – Schmetterlingsschwimmen	
Bewegungsmerkmal	Punkte
1. Delphinbewegung in der Gesamtbewegung	
Wirkungsvolle und ununterbrochene „Bewegungsübertragung“ vom Rumpf bis zu den Füßen, bei Beachtung des Bewegungsflusses.	*1*
• Füße gut „überstreckt“ und zusammen; Beine schlagen gleichzeitig!	
2. Atmung	
Zweckmäßig angepaßte Koordination der Atemtechnik an die Armbewegung.	*1*
• Einatmung am Ende der Abdruckbewegung der Arme!	
Rhythmische Ein- und Ausatmung innerhalb zweier Armzyklen (2er Atmung).	*1*
• Vollständige Ausatmung in das Wasser!	
3. Armbewegung	
Pausenlose Bewegung der Arme mit „Wasserfassen“ weit vor dem Kopf mit den Händen zuerst in Schulterbreite.	*1*
• Bestmögliche Abdruckbewegung der Arme unter Wasser!	
4. Gesamtbewegung	
Die Koordination der Arm- und Delphinbewegung verläuft fließend mit zwei Delphinbewegungen bei einem Armzyklus.	*1*
• „Schlängelnde“ Delphinbewegung!	
Maximum der Punktbewertung	**5**

(vgl.: DSSV 1985, S. 161)

! ***Die Beobachtungsergebnisse können mit Hilfe der Punktbewertung registriert und gruppenspezifische sowie individuelle, technikspezifische Mängel besser analysiert werden.***

Tips zur gedanklichen Technikorientierung

● Beinbewegung

- *Ununterbrochene, gleichzeitige Delphinbewegung vom Rumpf bis zu den Füßen*
- *Zwei gleichkräftige Beinschläge auf einen Armzug*

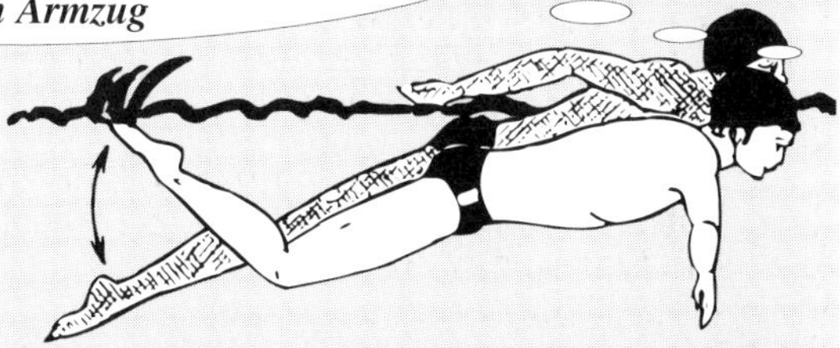

● Armbewegung

- *Armeinsatz weit vor dem Kopf, etwa in Schulterbreite*
- *Wasserfassen und Anstellen der Hände*

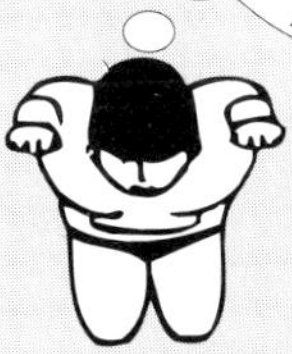

- *Symmetrisches und lockeres Vorschwingen der Arme in Ellenbogenvornhalte*
- *Kräftiger, geradliniger und langer Abdruck bis zum Oberschenkel*

● Gesamtbewegung ● Atmung

- *Einatmung am Ende der Abdruckbewegung*
- *Zweier Atemzyklus*

- *Ununterbrochene Aufeinanderfolge der Delphinbewegung in der Gesamtbewegung*
- *Ausatmung nach dem Eintauchen der Hände ins Wasser*

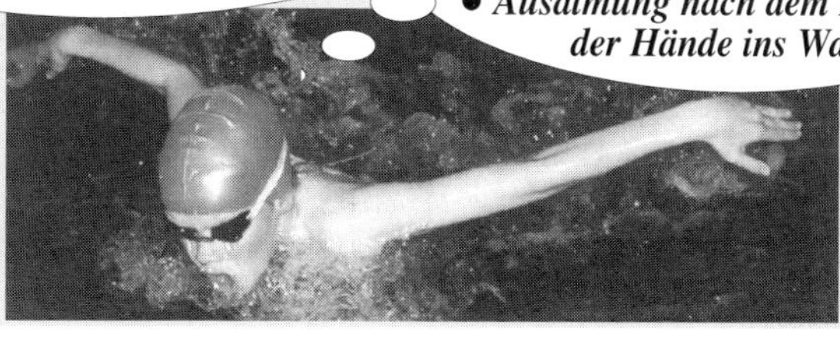

C: Lernabfolge – Schmetterlingsschwimmen

In der folgenden Übersicht werden für das Schmetterlingsschwimmen Hinweise für die inhaltliche Gestaltung der einzelnen Lernschritte angeboten.

Beachte:
Die numerierte Lernabfolge ist beizubehalten!

➤ Die Reihung der **Teilanforderungen** kann der gruppentypischen Situation angepaßt und variiert werden.

☞ **Zahlreiche Tips** für den Trainer sollen die Trainingspraxis unterstützen. Für das zielgerichtete Lerntraining können zur weiteren Qualifizierung der Schwimmtechnik spezielle Übungsformen im ● **Wasser-** bzw. ❍ **Landtraining** angewendet und durch den Trainer weiterentwickelt werden.

Imitationsübungen und Delphinspringen sind einige Übungsformen zur Entwicklung und Verbesserung des Schmetterlingsschwimmes.

Lernabfolge mit Fixierung der Technikmerkmale
Schmetterlingsschwimmen

Technikmerkmal
Spezielle Übungen beim ● Wasser- ❍ Landtraining
☞ Tips für den Trainer

Delphinbewegung

1.

➤ **Gleichzeitige Auf- und Abwärtsbewegung beider Beine.**

➤ **Bewegungsübertragung vom Rumpf bis zu den Füßen.**

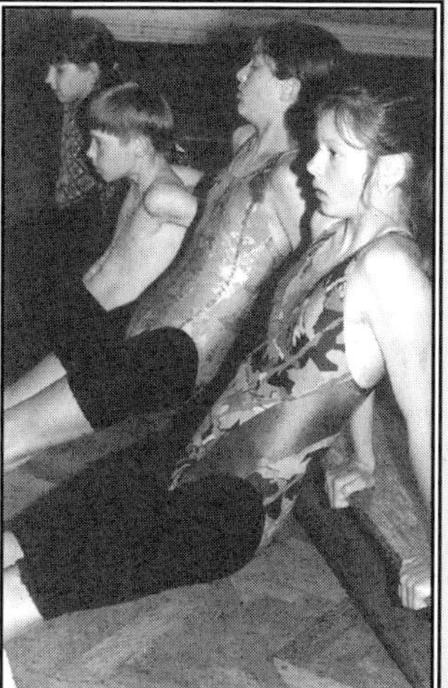

Übungen an Land zur Vorbereitung der Bewegungsübertragung vom Rumpf bis zu den Füßen: Liegestütz rl. mit Delphinbewegungen aus der Hüfte

● Übungen mit Schwimmflossen (SF): Abstoß in der Rückenlage ➞ Kurze Gleitphase ➞ Delphinbewegung (DB) in der Rückenlage bei gut gestreckten Armen vor dem Kopf ➞ DB unter Wasser über kurze Strecken.
A.-Wdh. (Anzahl der Wiederholung) = 4 bis 6 x 8 m, anschließend bis 25 m in der Rückenlage an der Wasseroberfläche Rückengleichschlag (RGL) der Arme und DB der Beine.

☞ **Simultane Auf- und Abwärtsbewegung beider Beine!**
☞ **Gleichmäßige und vollständige Ausatmung unter Wasser!**

❍ *Übungen zur Kräftigung der **Rumpf-** und **Bauchmuskulatur.***

● ***Übung A*** ➧ mit SF:
Abstoß in der Rückenlage ➞ Gleitphase ➞ DB in der Rückenlage bei gut gestreckten Armen vor dem Kopf ➞ DB unter Wasser bis 8 m mit gleichmäßiger Ausatmung ➞ DB über Wasser.
A.-Wdh. = 4 bis 6 x 12,5 m, anschließend bis 25 m RGL der Arme und DB.

☞ **Betonte Aufwärtsbewegung des Beckens mit Bewegungsübertragung bis zu den Füßen!**
☞ **Schultern bleiben relativ ruhig auf der Wasseroberfläche liegen!**

❍ *Übungen zur Erhöhung der **Beweglichkeit** im **Rumpf,** besonders im **Hüftgelenk.***

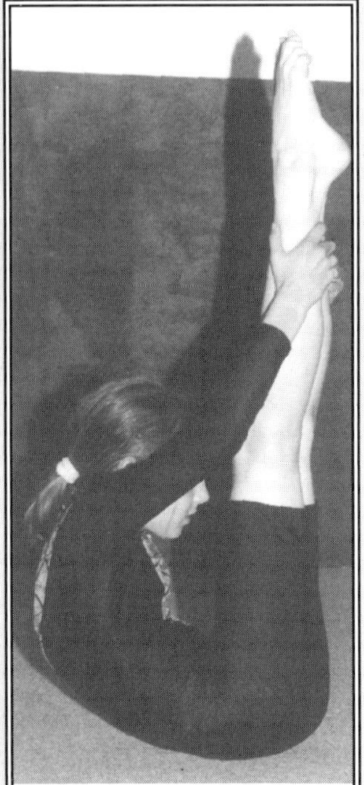

Übungen an Land zur Kräftigung der Rumpf- und Bauchmuskulatur

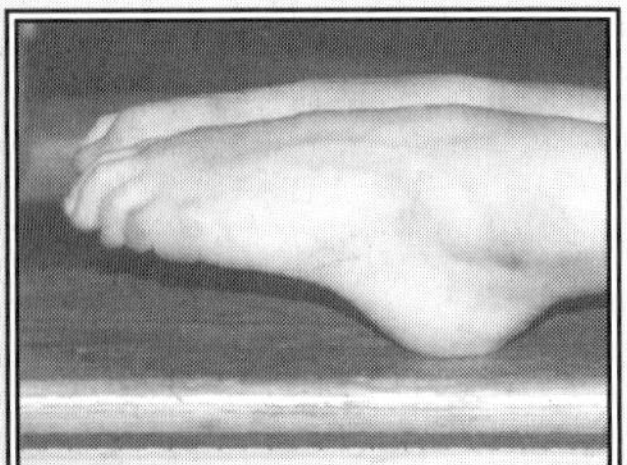

Übungen an Land zur Verbesserung der Fußstreckung

➤ **Pausenlose Delphinbewegung in der Aufeinanderfolge.**

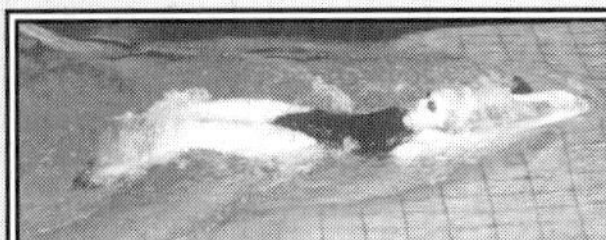

Delphinbewegung (DB) in der Rückenlage mit Schwimmflossen

- ***Übung B*** ▸ mit SF:
  ➞ Übungsablauf wie ***Übung A.***

☞ **Betontes Abwärtsdrücken des Beckens und der Oberschenkel mit explosivem Nachschlag der Unterschenkel bis zu den Füßen!**
☞ **Schultern bleiben relativ ruhig auf der Wasseroberfläche liegen!**

❍ *Übungen zur Erhöhung der **Beweglichkeit** im **Fußgelenk.***

Achtung:

Unmittelbar nach dem Techniktraining mit Schwimmflossen sind Schwimmbewegungen ohne Schwimmflossen anzuschließen!

❍ *Erhöhung der allgemeinen **Ausdauerfähigkeit.***

- ***Übung A*** ▸ mit SF:
  Abstoß in der Brustlage ➞ Gleitphase ➞ DB bei gut gestreckten Armen vor dem Kopf ➞ DB unter Wasser bis 8 m mit gleichmäßiger Ausatmung ➞ DB über Wasser.
  A.-Wdh. = 4 bis 6 x 12,5 m, anschließend bis 25 m BA und DB.

☞ **Schultern bleiben ruhig auf der Wasseroberfläche liegen!**
☞ **Schnelle und kräftige DB ohne Pause!**

- ***Übung B*** ▸ ohne SF:
  ➞ Übungsablauf wie ***Übung A.***
  A.-Wdh. = 4 bis 6 x 8-10 m, anschließend bis 25 m B-Gleiten.

☞ **Hohe Bewegungsintensität der DB!**
☞ **Gut gestreckte Arme vor dem Kopf!**

❍ *Übungen zur **Verbesserung** der **Rumpf-, Hüft-** und **Fußbeweglichkeit.***

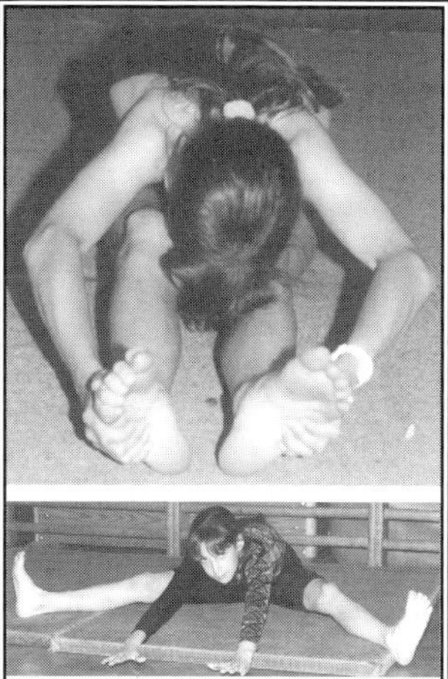

Übungen an Land zur Erhöhung der Beweglichkeit

Tips:

*Übungen zur **Verbesserung** der **koordinativen Bewegungserfahrung** für die Delphinbewegung:*

- ***Übung A*** ➧ mit SF:
  Abstoß in der Brustlage ➟ Kurzes Gleiten ➟ 8 bis 12 DB unter Wasser bei gut gestreckten Armen vor dem Kopf ➟ DB in der Seitlage.
  A.-Wdh. = 2 bis 6 x 25 m.

☞ **Simultane Seitwärtsbewegung beider Beine!**
☞ **Kopf liegt auf dem einen Arm über Wasser!**

- ***Übung B*** ➧ mit SF:
  Abstoß in der Brustlage ➟ Kurzes Gleiten ➟ 6 bis 8 DB unter Wasser bei gut gestreckten Armen vor dem Kopf ➟ DB mit den Armen auf dem Rücken verschränkt.
  A.-Wdh. = 2 bis 6 x 12,5-15 m, anschließend bis 25 m BA + DB.

☞ **Hohe Bewegungsintensität der DB!**
☞ **Pausenlose Aufeinanderfolge der DB!**

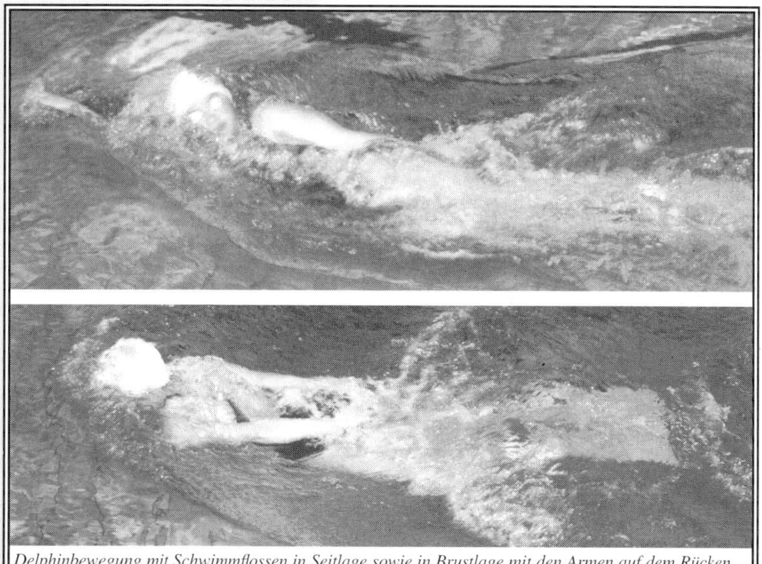

Delphinbewegung mit Schwimmflossen in Seitlage sowie in Brustlage mit den Armen auf dem Rücken verschränkt

Tips:

*Übungen zur **Verbesserung** der **koordinativen Bewegungserfahrung** für die Delphinbewegung:*

Spielidee:

- **Delphinhasche im Flachwasser mit SF:** Sportler in zwei Gruppen aufteilen ➞ Jäger und Gejagte dürfen sich nur mit DB vorwärts bewegen.

Tauchspiel:

- **Delphintauchen im Tiefwasser mit SF:** Sportler gehen auf Schatzsuche ➞ Die auf dem Bassingrund liegenden Schätze (Tauchgegenstände) dürfen nur in der Delphinbewegung geborgen werden.

! **Achtung:**

Unmittelbar nach dem Technik- und Spieltraining mit Schwimmflossen sind Schwimmbewegungen ohne Schwimmflossen anzuschließen.

➤ **Delphinbewegung mit Einbeziehung der Atemtechnik.**

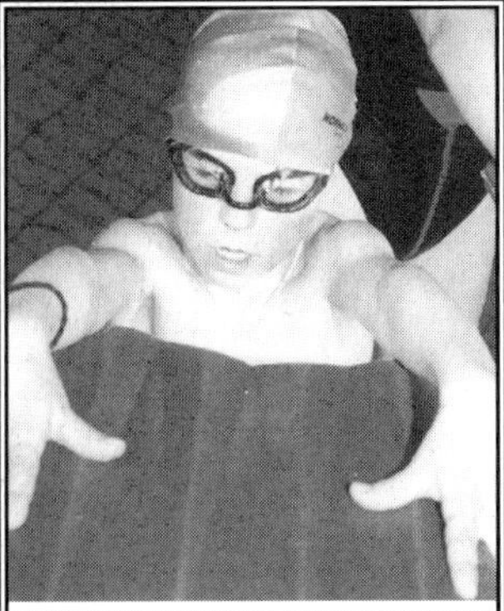

Atemtechnik als Imitationsübung und praktisches Üben für die Delphinbewegung mit Schwimmbrett

- ***Übung A*** ➧ mit SF:
  Abstoß in der Brustlage ➞ Gleitphase ➞ DB unter Wasser bis 8 m mit gleichmäßiger Ausatmung bei gut gestreckten Armen vor dem Kopf ➞ DB über Wasser, mit pausenloser Einatmung nach jeder 4. Delphinbewegung.
  A.-Wdh. = 4 bis 6 x 15-25 m, mit Atemvariationen (nach der 2./4./6. DB erfolgt die Einatmung).

☞ **Vollständige Ausatmung, bevor eingeatmet wird!**
☞ **Aktives Mitbewegen des Beckens bei hoher Bewegungsintensität der DB!**

- ***Übung B*** ➧ ohne SF mit Schwimmbrett:
  ➞ Übungsablauf wie ***Übung A.***
  A.-Wdh.= 2 bis 6 x 8-15 m, anschließend bis 25 m B-Gleiten.

☞ **Hohe Bewegungsintensität der DB!**
☞ **Gut gestreckte Arme vor dem Kopf!**

❍ *Übungen zur Verbesserung der **Beweglichkeit** im **•Rumpf**, **•Hüft-** und **•Fußgelenk.***

Tips:

*Übungen zur **Verbesserung** der **Bewegungserfahrung** zur Koordination der Arm- und Beinbewegung:*

Spielidee:

- **Delphinspringen im Flach- bzw. kopftiefen Wasser:**
  Unter Wasser aus der Hocke abstoßen ➞ Auftauchen, mit den Armen von hinten nach vorn schwingen ➞ Eintauchen mit gut gestreckten Armen vor dem Kopf.

☞ **Kräftige, vollständige Ausatmung unter Wasser!**
☞ **Intensive, kurze Einatmung in der Überwasserphase!**

!

Achtung: **Die Delphinsprünge bei Flachwasser nicht zu steil in der Eintauchphase gestalten – Unfallgefahr.**

Delphinspringen im Flachwasser

Armbewegung

2.

➤ **Bewegungsablauf der Armbewegung.**

❍ ***Imitationsübungen** zur Schulung und Verbesserung der Bewegungsvorstellung des Schmetterlingsarmzuges.*

☞ **Simultane Bewegung beider Arme!**
☞ **Einbeziehung der Atemtechnik!**

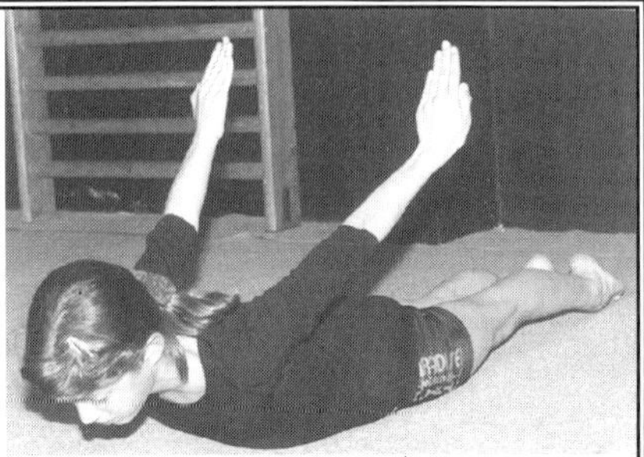
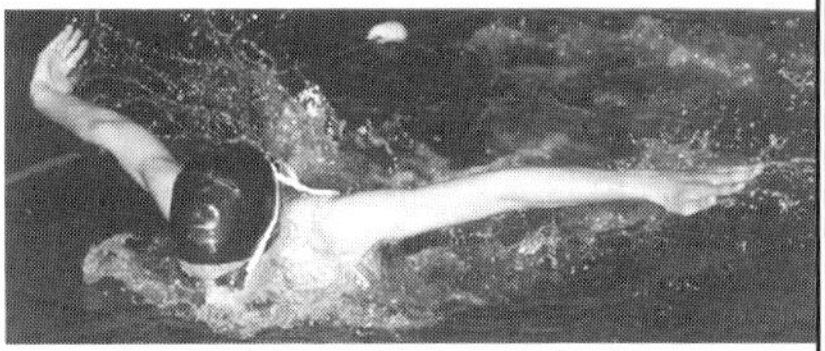

Spielerische Übungsformen sowie Spezialgymnastik an Land schulen und verbessern den Bewegungsablauf des Schmetterlingsarmzuges.

➤ **Simultane Armbewegung.**

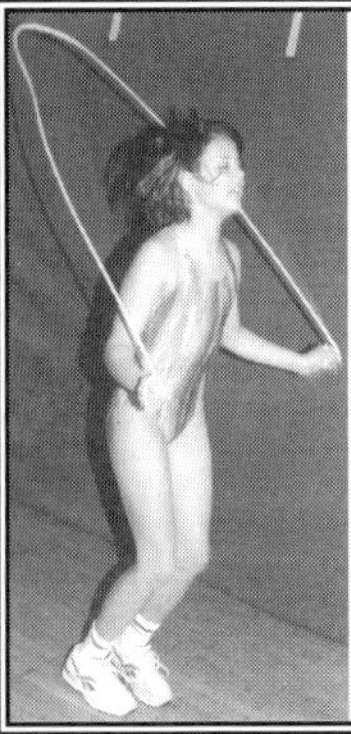

Seilspringen fördert die Koordinationsfähigkeit zwischen Arm- und Beinbewegung.

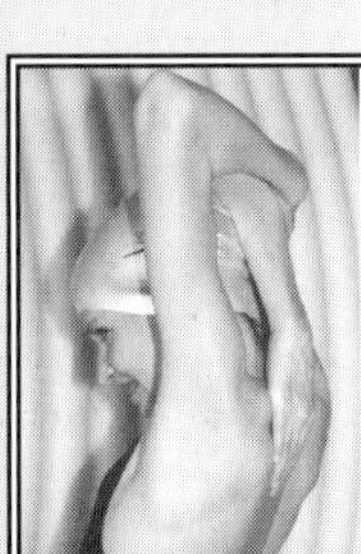

Hohe Beweglichkeit im Schultergelenk ist eine Voraussetzung für die technisch perfekte Armführung beim Schmetterlingsschwimmen.

❍ *Übungen zur **Koordination** der **Arm-** und **Beinbewegung.***

● ***Übung A*** ➧ mit SF:
Abstoß in der Brustlage ➞ Gleitphase ➞ 6 bis 8 Armbewegungen bei gleichmäßiger Ausatmung ohne Einatmen und leichten Kraulbeine (KB).
A.-Wdh. = 2 bis 4 x 8-12,5 m, anschließend bis 25 m BA + KB.

☞ **Beide Arme drücken gleichzeitig und kraftvoll nach hinten!**
☞ **Entspanntes Nachvornschwingen beider Arme über Wasser!**

● ***Übung B*** ➧ ohne SF:
➞ Übungsablauf wie ***Übung A.***
A.-Wdh.= 2 bis 4 x 6-10 m, anschließend bis 25 m B-Gleiten.

☞ **Langer Abdruck beider Hände nach hinten!**
☞ **Vorschwingen beider Arme gleichzeitig über Wasser!**

❍ *Übungen zur Erhöhung der **Beweglichkeit im Schultergelenk.***

➤ **„Wasserfassen“ mit den Händen.**

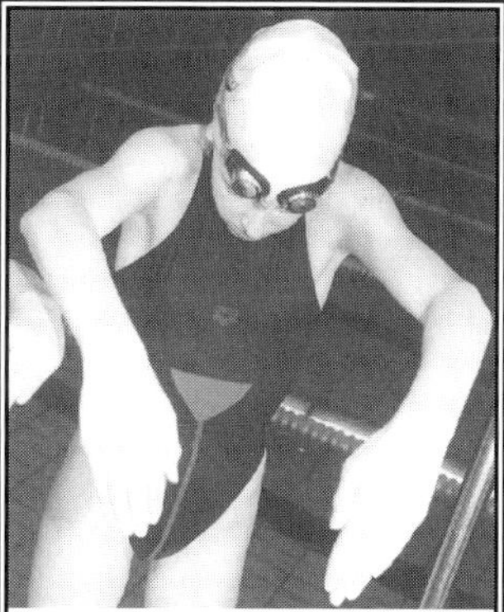

Armbewegung im Stand bei vorgebeugtem Oberkörper mit betont-aktivem „Wasserfassen“ beider Hände

- ***Übung C*** ▶ mit SF:
  ➟ Übungsablauf wie ***Übung A.***
  A.-Wdh. = 4 bis 6 x 8-15 m, anschließend bis 25 m RGL + RB.

☞ **Beide Handflächen zum „Wasserfassen“ gut anstellen!**
☞ **Hände weit vor dem Kopf schulterbreit einsetzen!**

- ***Übung D*** ▶ ohne SF:
  ➟ Übungsablauf wie ***Übung A.***
  A.-Wdh. = 2 bis 4 x 6-10 m, anschließend bis 25 m B-Gleiten.

☞ **Schnelles „Wasserfassen“ weit vor dem Kopf!**
☞ **Betont langer Abdruck der Hände und Unterarme!**

❍ ***Imitationsübungen*** *zur Schulung und Verbesserung der Bewegungsvorstellung der Armbewegung.*

➤ **Langer (s-förmiger) Abdruck beider Hände und Unterarme.**

Langer Abdruck der Hände und Unterarme

- ***Übung E*** ▶ mit SF:
  ➟ Übungsablauf wie ***Übung A.***
  A.-Wdh. = 4 bis 6 x 8-15 m, anschließend bis 25 m RGL + RB.

☞ **Bestmöglicher horizontaler Abdruck bis zum Oberschenkel!**

- ***Übung F*** ▶ ohne SF:
  ➟ Übungsablauf wie ***Übung A.***
  A.-Wdh. = 2 bis 4 x 6-10 m, anschließend bis 25 m B-Gleiten.

☞ **Betont angestellte Hände für einen guten Vortrieb!**
☞ **Langer, s-förmiger Abdruck horizontal unter dem Körper bis zum Oberschenkel!**

❍ *Übungen zur* ***Kräftigung*** *der* ***Rumpf-*** *und* ***Bauchmuskulatur.***

➤ **Krafteinsatz in der Hauptphase.**

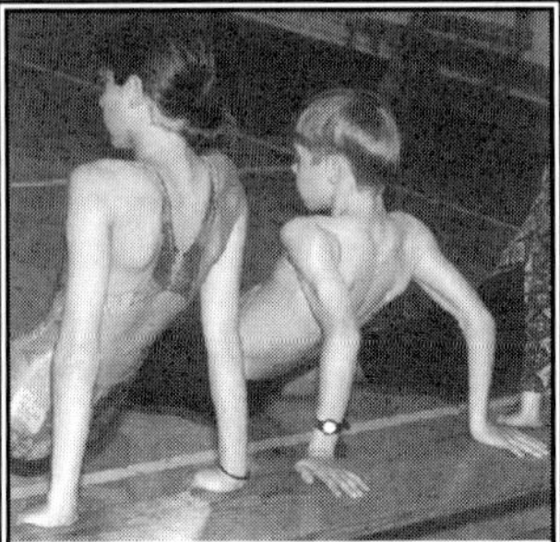

Liegestütz rl. und vl. zur Verbesserung der allgemeinen Kraftfähigkeit

- ***Übung G*** ➧ mit SF:
  → Übungsablauf wie ***Übung A.***
  A.-Wdh. = 4 bis 6 x 8-15 m, anschließend bis 25 m RGL + DB.

☞ **Kräftiger Abdruck der Hände nach hinten bis zum Oberschenkel!**

- ***Übung H*** ➧ ohne SF:
  → Übungsablauf wie ***Übung A.***
  A.-Wdh. = 2 bis 4 x 6-10 m, anschließend bis 25 m RGL + DB.

☞ **Betont hoher Krafteinsatz in der Hauptphase!**

❍ *Übungen zur Erhöhung der **Kraftfähigkeit und Körperspannung.***

➤ **Lockeres Vorschwingen der Arme über Wasser.**

❍ *Übungen zur Erhöhung der **Beweglichkeit des Schultergelenks.***

Spezialgymnastik zur Verbesserung der Körperspannung und Beweglichkeit des Schultergelenks

- ***Übung I*** ➧ mit SF:
  → Übungsablauf wie ***Übung A.***
  A.-Wdh. = 4 bis 6 x 8-15 m, anschließend bis 25 m RGL + DB.

☞ **Kraftvolle KB während dem (entspannten) Vorschwingen der Arme über Wasser!**

- ***Übung K*** ➧ ohne SF:
  ➞ Übungsablauf wie ***Übung A.***
  A.-Wdh. = 2 bis 4 x 6-10 m, anschließend bis 25 m RGL + DB.

☞ **Betonter letzter Abdruck der Arme und lockeres Vorschwingen der Arme über Wasser!**

➤ **Stark zunehmender Krafteinsatz beim Armzug.**

- Abstoß in der Brustlage ➞ Gleitphase ➞ 8 bis 12 Armbewegungen bei gleichmäßiger Ausatmung ohne Einatmen und leichten Kraulbeine (KB).
  A.-Wdh. = 2 bis 4 x 8-12,5 m, anschließend bis 25 m RGL + RB.

☞ **Nach dem schnellen „Wasserfassen" beschleunigter und zunehmender Krafteinsatz bis zum Oberschenkel!**

➤ **Regelmäßige Ein- und Ausatmung.**

❍ ***Imitationsübungen*** *zur Schulung der* ***Atmung:***

- Vollständige Armbewegung im Stand bei vorgebeugtem Oberkörper (an Land oder im Flachwasser) mit betont-aktivem letzten Abdruck der Hände in Verbindung mit der Einatmung.

an Land

☞ **Rhythmische Wechsel der Ein- und Ausatmung in Verbindung mit der Armführung!**

☞ **Auf zwei Armzyklen erfolgt eine Einatmung (2er Atmung)!**

- Abstoß in der Brustlage ➞ Gleitphase ➞ 6 bis 8 Kraulbeinbewegungen mit gut gestreckten Armen vor dem Kopf bei gleichmäßiger Ausatmung ➞ Armbewegung über Wasser ➞ Pausenlose Einatmung nach jedem zweiten Armzyklus mit leichter Kraulbeinbewegung (KB).
  A.-Wdh. = 2 bis 4 x 10-15 m, anschließend bis 25 m RGL + RB.

☞ **Einatmung am Ende der Abdruckbewegung der Hände!**

☞ **Kräftige, lange Ausatmung ins Wasser!**

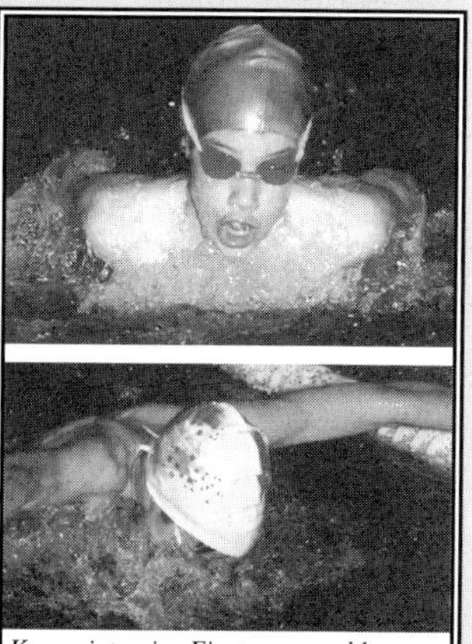

Kurze, intensive Einatmung und lange kräftige Ausatmung

Tips:

*Übungen zur **Verbesserung** der **koordinativen Bewegungserfahrung** für die Delphinbewegung:*

Idee:

● **Delphintandem-Staffelspiel:**
Ein Sportler liegt auf der Luftmatratze bzw. Schwimmatte und bewegt sich mit Delphinarmbewegung vorwärts ➟ Ein anderer Sportler hält sich an der Matte fest und unterstützt die Vorwärtsbewegung durch Delphinbewegung (mit oder ohne Schwimmflossen).

Delphintandem-Staffelspiel zur Erweiterung koordinativer Bewegungserfahrung

☞ **Beachtung des „Wasserfassens" für den Schwimmer auf der Matte!**
☞ **Kräftige Delphinbewegung für den zweiten Schwimmer!**

Tauchspiel:

● **Delphinspringen durch Reifen:**
Unter Wasser aus der Hocke abstoßen ➟ Auftauchen, mit den Armen von hinten nach vorn schwingen ➟ Eintauchen in den Reifen mit gut gestreckten Armen vor dem Kopf usw.

Achtung: !

Delphinspringen bei Flachwasser nicht zu steil in der Eintauchphase gestalten ➟ Unfallgefahr.

☞ **Kräftige Delphinbewegung unter Wasser bei vollständiger Ausatmung!**
☞ **Intensive, kurze Einatmung in der Überwasserphase!**

3. Gesamtkoordination

➤ **Gesamtbewegung ohne besondere Beachtung der Atmung.**

- Übungen mit und ohne SF: **RGL + DB**
  Abstoß in der Rückenlage ➞ Kurze Gleitphase ➞ Delphinbewegung (DB) in der Rückenlage bei gut gestreckten Armen vor dem Kopf ➞ DB unter Wasser bis 8 m ➞ DB mit Rückengleichschlag der Arme (RGL).
  A.-Wdh. = 4 bis 6 x 25 m.

☞ **Pausenlose Aufeinanderfolge der DB!**
☞ **Zwei DB auf einen Armzug in der Rückenlage!**

➤ **Rhythmische und pausenlose DB in der Gesamtbewegung.**

❍ *Übungen zur Kräftigung der **Rumpf-** und **Bauchmuskulatur.***

❍ *Übungen zur Erhöhung der **Beweglichkeit** im **Schulterbereich** und der **Fußgelenke.***

❍ *Verbesserung der **Rumpf-** und **Bauchmuskulatur.***

❍ *Schulung **koordinativer Grundlagen,** besonders der **Kopplungsfähigkeit.***

Tips: *Systematischer Aufbau der **Gesamtbewegung** (GB) durch **Schwimmkombinationen** (SK):*

SK: • 8 DB – 4 Züge mit dem rechten Arm, der linke Arm bleibt vor dem Kopf langgestreckt liegen und
• 8 DB – 4 Züge mit dem linken Arm; u.a.

☞ **DB durch die Armbewegung nicht unterbrechen!**

➤ **Zwei Delphinbewegungen auf einen Armzug.**

wie Ross
2 Beinschläge
1 Armzug

*Systematischer Aufbau der **Gesamtbewegung** (GB) auf **stabiler DB** und **kurzen Teilstrecken**:*

GB: • **4 DB + 2 GB;** • **6 DB + 3 GB;**
• **8 DB + 4 GB;** • **10 DB + 5 GB; usw.**

- Übungen mit und ohne SF:
  Abstoß in der Brustlage ➞ Kurze Gleitphase ➞ Delphinbewegung (DB) bei gut gestreckten Armen vor dem Kopf ➞ DB unter Wasser bis 8 m ➞ GB.

A.-Wdh. = 4 bis 6 x 12,5-15 m, anschließend bis 25 m in der Rückenlage – RGL der Arme und DB der Beine.

☞ **Intensive DB zur Unterstützung der Armbewegung!**
☞ **Pausenlose Aufeinanderfolge der Delphin- und Armbewegung!**

❍ *Übungen zur speziellen* ***Kräftigung der Schulter- und Rückenmuskulatur.***

Spezialgymnastik zur Verbesserung der Armbewegung

➤ **Gesamtbewegung mit Einbeziehung der rhythmischen Atmung.**

● Abstoß in der Brustlage ➞ Gleitphase ➞ 6 bis 8 Delphinbewegungen unter Wasser mit gut gestreckten Armen vor dem Kopf bei gleichmäßiger Ausatmung ➞ Gesamtbewegung über Wasser ➞ Pausenlose Einatmung nach jedem zweiten Armzyklus mit aktivem Einsatz der Delphinbewegung. **A.-Wdh.** = 2 bis 4 x 12,5-15 m, anschließend bis 25 m RGL + DB.

☞ **Einatmung nach jedem zweiten Armzyklus!**
☞ **Einatmung bei Fortsetzung der rhythmischen Gesamtbewegung!**

➤ **Atmung mit Beachtung der Kopfsteuerung.**

● ***Übung A*** ▸ mit SF:
Abstoß ➞ Gleitphase ➞ 4 bis 6 Delphinbewegungen unter Wasser ➞ Gut gestreckte Arme vor dem Kopf ➞ Gleichmäßige Ausatmung ➞ Gesamtbewegung über Wasser ➞ Einatmung nach jedem zweiten Armzyklus mit bewußter Kopfsteuerung. **A.-Wdh.** = 2 bis 6 x 15-25 m, anschließend bis 25 m BA + KB.

Achtung:

☞ **Zur Einatmung das Kinn nach vorn schieben!**

☞ **Der Kopf wird zur Einatmung nur leicht angehoben!**

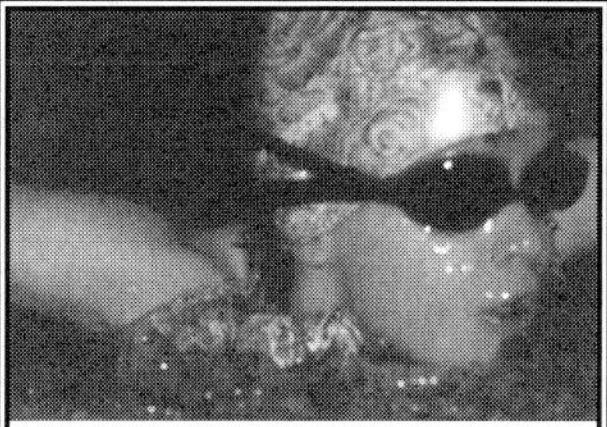

Einatmung mit Nach-vorn-schieben des Kinn

- ***Übung B*** ▸ ohne SF:
  → Übungsablauf wie ***Übung A.***
  A.-Wdh.= 2 bis 4 x 6-12,5-15 m, anschließend bis 25 m B-Gleiten.

☞ **Kopf befindet sich beim Vorschwingen der Arme dazwischen!**

☞ **Koordinativ „elegante", rhythmische Atmung bei relativ ruhiger Kopfhaltung!**

- ***Übung C*** ▸ ohne SF:
  → Übungsablauf wie ***Übung A.***
  A.-Wdh.= 2 bis 4 x 6-15-20 m, anschließend bis 25 m B-Gleiten.

☞ **Pausenlose Gesamtbewegung mit Beachtung der rhythmischen Atmung!**

☞ **Beachtung der Koordination:**
• Arm- und Delphinbewegung,
• rhythmische Atmung,
• Kopfsteuerung!

Idee: *Systematischer Aufbau der* ***Gesamtkoordination*** *durch* ***spielerische Übungsformen:***

- Delphinspringen über Hindernisse (Begrenzungsleinen).

☞ **Betonter Kopfeinsatz!**

- Delphinspringen unter Hindernisse (durch die gegrätschten Beine anderer Sportler).

☞ **Beachtung der rhythmischen Ein- und Ausatmung!**

Beachte:

!

Insbesondere bei der Erlernung des Schmetterlingsschwimmens sollte geduldig und systematisch jeder einzelne Lernschritt erarbeitet, mit spielerischen Spielformen unterstützt, vom Sportler beherrscht werden, ehe mit dem folgenden (schweren) Schwerpunkt der Lernprozeß fortgesetzt wird.

(in Anlehnung an ***Schramm, E.*** *1987, S. 216 - 218)*

„Welche Brille nehme ich?“

2.3

Startsprung –
Übergang zum Schmetterlingsschwimmen

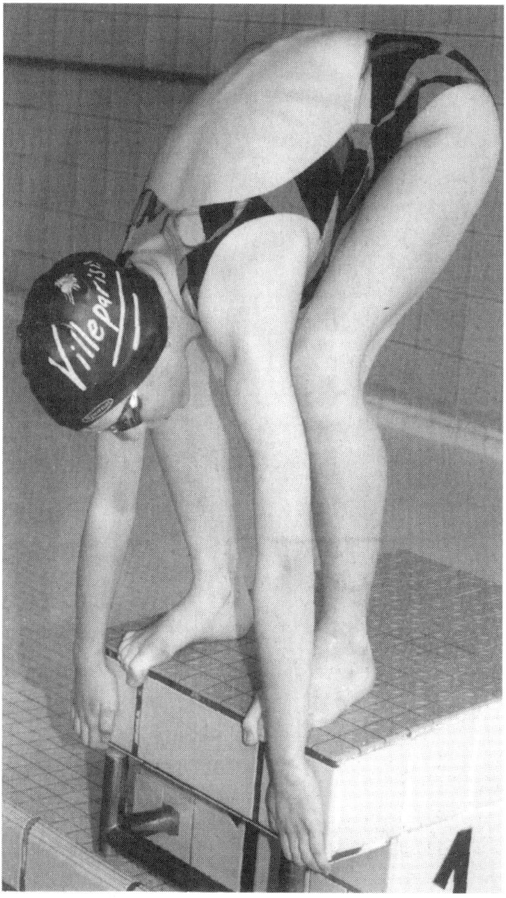

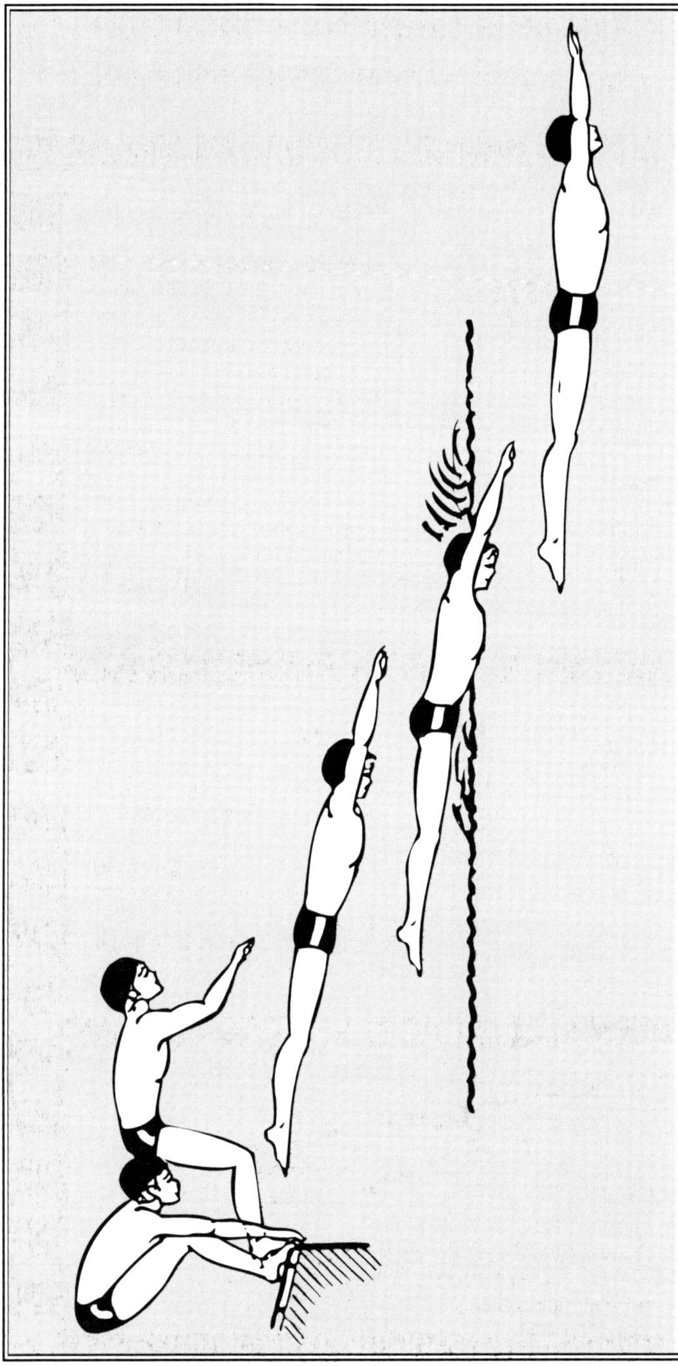

Aufgabenstellung

Erreichen eines sehr schnellen Überganges von der Ruhestellung auf dem Startblock zu einer großen Schwimmgeschwindigkeit.

A: Technikschwerpunkte – Startsprung
mit Übergang zum Schmetterlingsschwimmen

Ausgangsstellung

- Sicherer Stand auf dem Startblock, Füße etwa hüftbreit auseinander, Zehen umklammern vordere Startblockkante.
- Hände (je nach Form des Startblocks) fassen die Vorderseite des Startblocks oder halten sich an den Seiten des Startblocks fest.
- Knie- und Hüftgelenk sind gebeugt, Oberkörper wird soweit wie möglich in die Absprungrichtung vorgeschoben.

Absprung

- Einleitung des Absprungs durch Abstoß der Hände vom Startblock sowie
- schnellkräftiges Nachvornreißen der Arme mit Streckung im Hüft-, Knie- und Fußgelenk.
- Schnellkräftiger Abdruck der Füße vom Startblock.

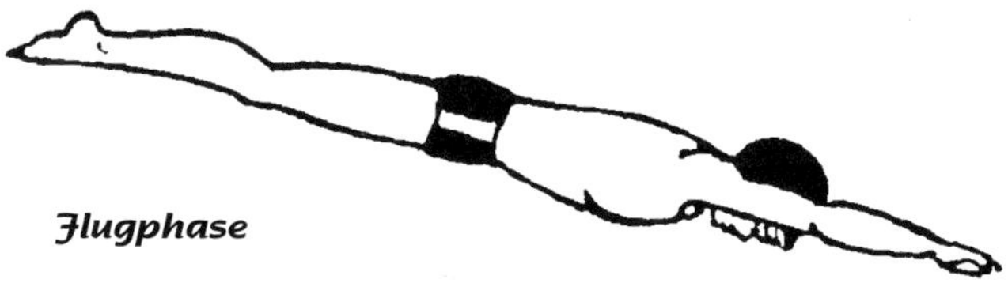

Flugphase

- Körperhaltung ist vollkommen gestreckt und fest angespannt.
- Arme sind nach vorn gestreckt und Hände zusammen.
- Kopf zwischen den Armen.

Eintauchphase

- Hände tauchen zuerst ins Wasser ein bei
- gut gestreckter Körperhaltung.
- Kopf und Hände übernehmen die Steuerfunktion des Körpers.

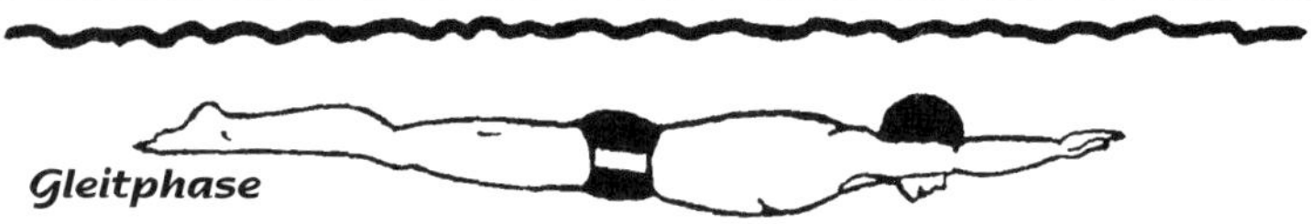

Gleitphase

- Vollständige Körperstreckung in flacher Bogenspannung.
- Hände, Arme und Kopf steuern den Körper in Richtung Wasseroberfläche.
- Ausatmung.

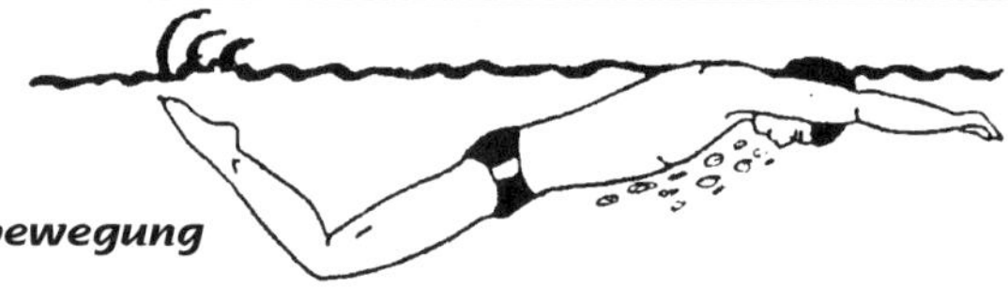

Übergang Schwimmbewegung

- Schnellkräftiger Einsatz der Delphinbewegung, wenn Gleitgeschwindigkeit etwa der Schwimmgeschwindigkeit entspricht (etwa 3 bis 6 Delphinbewegungen unter der Wasseroberfläche).
- Ausatmung.

- Beginn mit der ersten Armbewegung, wenn der Kopf die Wasseroberfläche erreicht.
- Ausatmung.

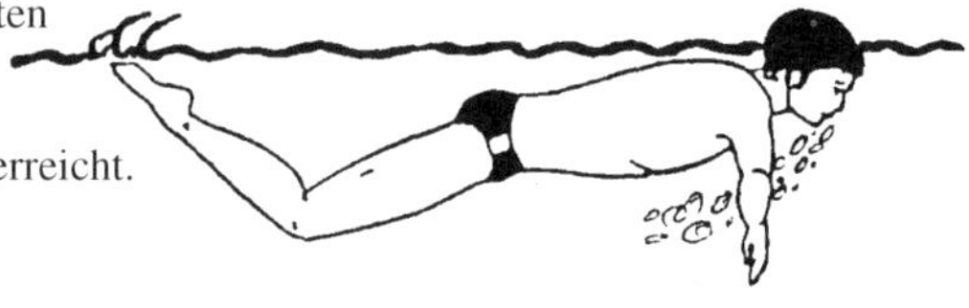

- Beginn der Einatmung nach der zweiten Armbewegung.

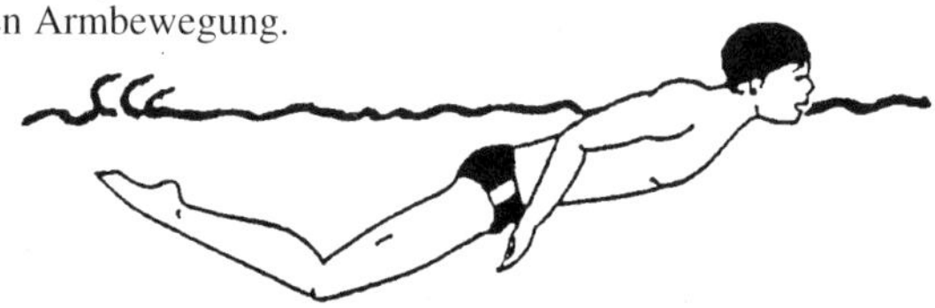

B: Grundanforderungen – Startsprung
mit Übergang zum Schmetterlingsschwimmen

Für die Erfassung der Güte „Bewegungsausführung“ des Startsprunges mit Übergang zum Schmetterlingsschwimmen sind die folgenden ausgewählten Bewegungsmerkmale zu beachten:

Grundanforderungen – Startsprung Schmetterlingsschwimmen	
Bewegungsmerkmal	Punkte
1. Startstellung und Absprung	
Mit dem Startkommando erfolgt aus der sicheren Startstellung der schnellkräftige Absprung mit schwungvoller Armbewegung nach vorn in die Absprungrichtung.	*1*
• Starker Abdruck der Füße vom Startblock! • Explosives Strecken von Knie- und Hüftgelenk!	
2. Flug- und Eintauchphase	
Gut gestreckte Körperhaltung vom Verlassen des Startblockes bis zum Eintauchen.	*1*
• Gut angespannte Muskulatur! • Hände tauchen zuerst ein!	
3. Übergang Schwimmbewegung	
Kurze Gleitphase bei völliger Körperstreckung.	*1*
• Kopf liegt zwischen den Armen!	
Schnelle und kraftvolle Delphinbewegungen bei gleichmäßiger Ausatmung.	*1*
• Mindestens 4 bis 8 Delphinbewegungen unter Wasser!	
Armbewegung setzt ein, wenn der Kopf die Wasseroberfläche erreicht und erst nach dem zweiten Armzyklus wird eingeatmet.	*1*
• Vollständiges Ausatmen unter Wasser!	
Maximum der Punktbewertung	***5***

(vgl.: DSSV 1985, S. 16 l)

! ***Die Beobachtungsergebnisse können mit Hilfe der Punktbewertung registriert und gruppenspezifische sowie individuelle, technikspezifische Mängel besser analysiert werden.***

Tips zur gedanklichen Technikorientierung

Startsprung

Gleiten

Übergang zum Schmetterlingsschwimmen

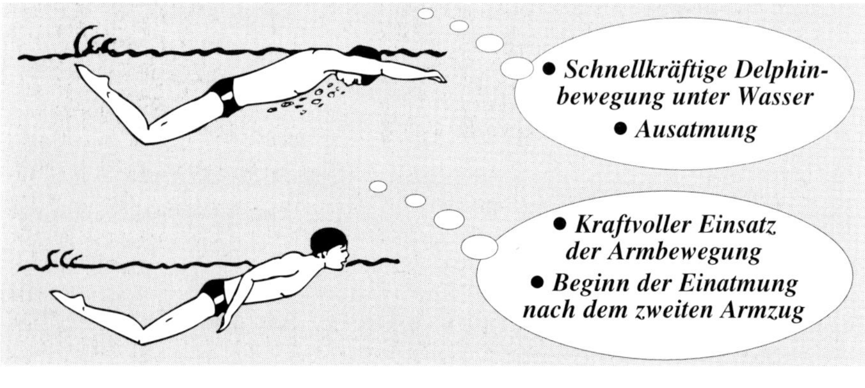

C: Lernabfolge – Startsprung
mit Übergang zum Schmetterlingsschwimmen

In der folgenden Übersicht werden für den Startsprung mit Übergang zum Schmetterlingsschwimmen Hinweise für die inhaltliche Gestaltung der einzelnen Lernschritte angeboten.

Beachte:
Die numerierte Lernabfolge ist beizubehalten!

➤ Die Reihung der **Teilanforderungen** kann der gruppentypischen Situation angepaßt und variiert werden.

☞ **Zahlreiche Tips** für den Trainer sollen die Trainingspraxis unterstützen. Für das zielgerichtete Lerntraining können zur weiteren Qualifizierung der Schwimmtechnik spezielle Übungsformen im ● **Wasser-** bzw. ❍ **Landtraining** angewendet und durch den Trainer weiterentwickelt werden.

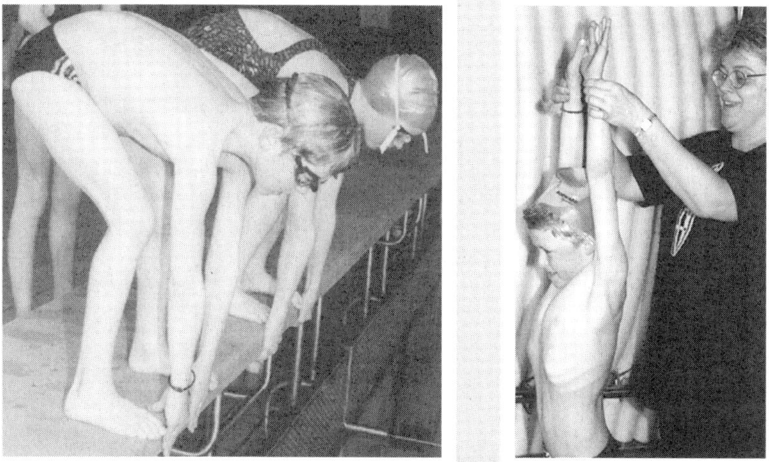

Imitationsübungen und regelmäßiges Üben zur Schulung des explosiven Startsprungs bei guter Körperstreckung und -spannung während der Flugphase bis zum Übergang in die Schwimmbewegung.

Lernabfolge mit Fixierung der Technikmerkmale

Startsprung mit Übergang zum Schmetterlingsschwimmen

Technikmerkmal

Spezielle Übungen beim ● Wasser- ❍ Landtraining

☞ Tips für den Trainer

Ausgangsstellung

1.

➤ **Üben der Ausgangsstellung.**

❍ ***Imitationsübungen*** *zur Verinnerlichung* ***des Startablaufes.***

☞ **Nach erstem Signal (langer Pfiff) Einnehmen der (entspannten) Ausgangsstellung hinten auf dem Startblock!**

☞ **Entspannte Körperhaltung bei voller Konzentration zur Vorbereitung auf die Startstellung!**

❍ *Erklären, Demonstrieren und kurzes, aber regelmäßiges* ***Üben*** *der* ***Ausgangsstellung.***

☞ **Solange üben, bis die Sportler sich an diese (ihre) Position gewöhnt haben!**

➤ **Sicherer Stand auf dem Startblock.**

❍ Erklären, Demonstrieren und kurzes, aber regelmäßiges ***Üben*** der ***Startstellung.***

☞ **Knie und Hüfte sind gebeugt!**

☞ **Oberkörper ist gut nach vorn geneigt mit Blick auf die Eintauchstelle!**

☞ ***Hinweis:***
Übungen zur Verbesserung der Bewegungsausführung des Startsprunges mit anschließendem Übergang zum Schmetterlingsschwimmen sollten prinzipiell mit Startkommando erfolgen bzw. dem Ablauf des Wettkampfes entsprechen!

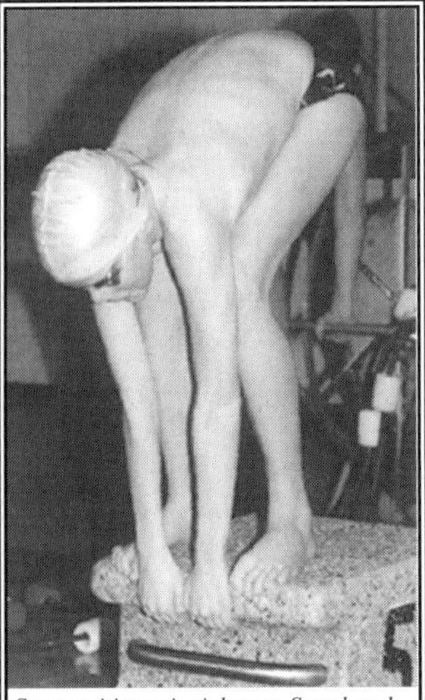

Startposition mit sicherem Stand und dem „handbreiten" Abstand der Füße.

!

☞ **Zehen „umkrallen" die vordere Kante des Startblockes!**

☞ **Füße stehen sicher und handbreit auseinander!**

Absprung

2.

➤ **Zusammenfügen der gleichzeitigen Bewegungshandlung.**

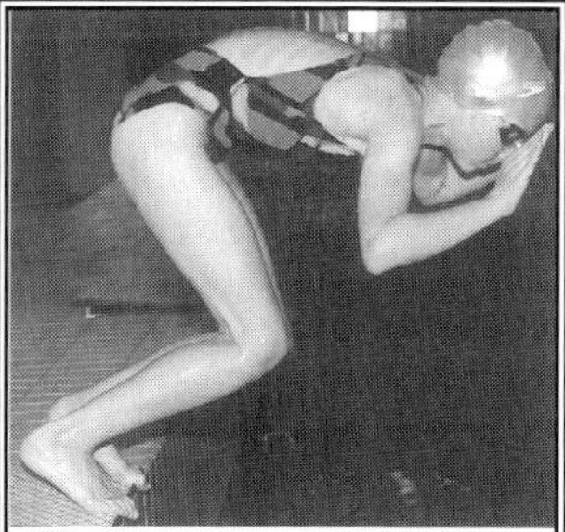

- *Explosivität des Absprunges mit*
- *schnellkräftigem Armschwung nach vorn in die Absprungrichtung*

➤ **Explosiver Absprung auf Kommando.**

● ***Übung A:***
Kräftiges, explosives Abspringen auf Kommando mit gleichzeitigem aktiven Armschwung in Sprungrichtung ➞ Bei Beachtung der Körperstreckung und -spannung ➞ Bis ca. 8 m im Wasser in guter Strecklage ausgleiten lassen.
A.-Wdh. (Anzahl der Wiederholung) = 4 bis 6 x, anschließend bis 25 m mit RGL + DB.

☞ **Kräftiges, explosives Abspringen!**
☞ **Aktiver Armschwung nach vorn in die Absprungrichtung bei Körperstreckung und -spannung!**

❍ *Entwicklung und Verbesserung der **Sprungkraft** in Verbindung mit der:*
- ***Reaktionsschnelligkeit,***
- ***Entwicklung der Körperspannung,***
- ***Imitationsübungen zur Schulung der explosiven und kraftvollen Bewegungsausführung.***

● ***Übung B:***
➞ Ablauf wie ***Übung A.***
➞ Kurzes Gleiten unter Wasser in guter Strecklage ➞ Schnellkräftige Delphinbewegung unter Wasser (bis ca. 10 m) bei gleichmäßiger bis vollständiger Ausatmung.
A.-Wdh. = 2 bis 4 x 6 bis 12,5 m, anschließend bis 25 m B-Gleiten.

☞ **Vorschwingen der Arme mit Abkippen des Körpers nach vorn!**
☞ **Kraftvoller Abdruck der Füße vom Startblock!**
☞ **Explosive Körperstreckung!**

❍ *Übungen zur Verbesserung der koordinativen Voraussetzungen, besonders der **Kopplungsfähigkeit.***

Allgemeinentwickelnde Übungen an Land für die Erweiterung koordinativer Bewegungserfahrung sowie Schulung der Reaktionschnelligkeit zur Verbesserung spezieller schwimmtechnischer Anforderungen

❍ *Übungen zur Schulung der* ***Reaktionsfähigkeit.***

● ***Übung C:***
- → Ablauf wie ***Übung A.***
- → Schnellkräftige Delphinbewegung unter Wasser (bis ca. 12,5 m) bei gleichmäßiger bis vollständiger Ausatmung.

A.-Wdh. = 2 bis 4 x 6 bis 12,5 m, anschließend bis 25 m RGL + DB.

☞ **Kommando erfolgt erst bei ruhiger Körperhaltung auf dem Startblock!**
☞ **Schulung schnellstmöglichster Reaktion auf das Startkommando!**

Idee:

● Absprung auf unterschiedliche Kommandogebung:
→ **Pfiff,** → **Händeklatschen,** → **Zuruf u.v.m.**

❍ *Verbesserung der* ***Reaktionsschnelligkeit.***

● Absprung → Über → Nach → Unter Geräte u.ä. → In unterschiedlichen Höhen und Entfernungen.

● Startsprünge mit/ohne kräftigen Armschwung.

● Startsprünge mit Weitenmarkierung durch Erfassen des „Eintauchloches“ der Hände.

Wettbewerb:

Startsprung auf Kommando mit anschließendem Gleiten.
→ Gemessen wird die Zeit vom Startsignal bis zur Markierung (5 m) mit dem „Kopfdurchlauf“.

„Wer ist der reaktionsschnellste Starter?“

Startsprung auf Kommando und im Wasser ausgleiten.

„Wer führt den kräftigsten Startsprung mit der weitesten Gleitphase aus?“

➤ **Absprung mit Schulung der Bewegungsrichtung (Absprungwinkel ± 25°).**

● ***Übung D:***
- → Ablauf wie ***Übung A.***
- → Delphinbewegung unter Wasser (bis ca.

10 m) bei gleichmäßiger bis vollständiger Ausatmung.
A.-Wdh. = 2 bis 4 x 6 bis 12,5 m, anschließend bis 25 m B-Gleiten.

☞ **Bewußter Absprung in Richtung etwa schräg aufwärts!**
☞ **Bewußter, schnellkräftiger Absprung mit explosiver Streckung im Hüft- und Kniegelenk!**

Hinweis: **Übungen zur Sensibilisierung von extremen Abweichungen vom Technik-Leitbild zur Verbesserung der optimalen Gleitphase.**

Idee:

- Startsprünge aus der Ausgangsstellung mit unterschiedlichen Absprungrichtungen:
  → **hoch,**
  → **flach, durch andersartige Kopf- und Armhaltungen.**

Beachte: **Am Ende der Übung mit der richtigen bzw. optimalen Absprungrichtung abschließen!**

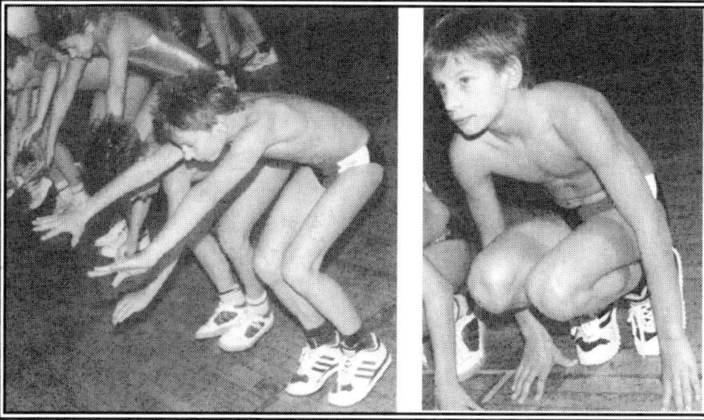

Explosive Hockweitsprünge auf Kommando

Turnschuhe mit in Schwimmhalle nehmen? → Athletik

Tips: Übungen – Wettkampf- und Spielform – zur Schulung des Startsprunges mit gezielter Technikanforderung:

- Startsprünge mit Weitenmarkierung.

☞ **Körper ist vollkommen gestreckt und angespannt von der Flugphase bis zur Beendigung der Gleitphase!**

Flug- und Eintauchphase

3.

- Kopfsprünge mit Tauchen nach Gegenständen.

☞ **Gleichmäßige und vollständige Ausatmung unter Wasser!**

- Startsprung mit DB unter Wasser nach Zeit.

☞ **Erfassen der Kopfdurchlaufzeit für festgelegte Meßbereiche ➟ 2, /5, / 8 m u.a.!**

➤ **Körperstreckung in der Flugphase bis zum Eintauchen.**

❍ *Übungen zur Verbesserung der **Ganzkörperstreckung** und **-spannung** wie z.B.: Spezialgymnastik.*

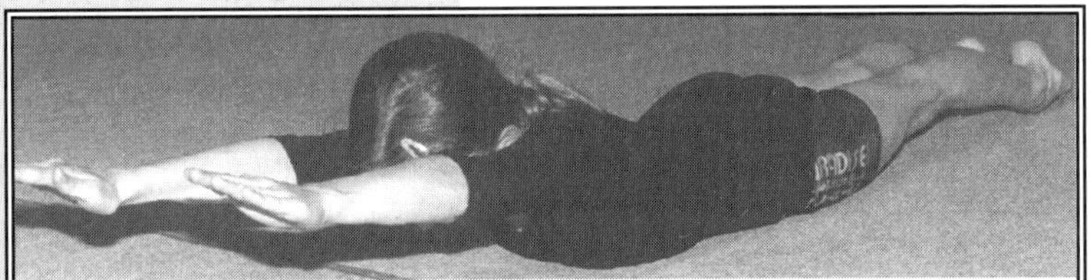

Spezialgymnastik zur Verbesserung der Körperstreckung und -spannung

- ***Übung E:***
  Kräftiges, explosives Abspringen auf Kommando mit gleichzeitigem aktiven Armschwung in Sprungrichtung ➟ Bei Beachtung der Körperstreckung und -spannung ➟ Bis ca. 8 m im Wasser in guter Strecklage ausgleiten lassen.
  A.-Wdh. = 2 bis 6 x 8 m, anschließend bis 25 m B-Gleiten.

☞ **Körper ist vollkommen gestreckt und angespannt von der Flugphase bis zur Beendigung der Gleitphase!**
☞ **Kopf ist zwischen den gut gestreckten Armen!**
☞ **Zuerst tauchen die Finger ein, danach Kopf, Rumpf und Beine!**

❍ *Kräftigung und Verbesserung der **Rumpfmuskulatur**.*

❍ *Entwicklung und Verbesserung der **Sprungkraft** wie z.B.:*
- *Hockstrecksprünge*
- *Sprünge von/über Geräte u.ä.*

➤ **Schulung der Bedeutsamkeit von Kopf- und Armsteuerung.**

- ***Übung F:***
  - ➟ Ablauf wie ***Übung E.***
  - ➟ Kurze Gleitphase ➟ Übergang zur Delphinbewegung unter Wasser mit maximal hohem Tempo bis 10 m.

  A.-Wdh. = 2 bis 6 x 10 m, anschließend bis 25 m BA + DB.

☞ **Kopf zwischen den Armen!**
☞ **Kopf und Arme steuern betont den gut gestreckten Körper an die Wasseroberfläche!**

!

Beachte: **Keine plötzliche oder ruckartige Richtungsänderung vornehmen!**

Übergang in die Schwimmbewegung

4.

➤ **Kurze Gleitphase, Beginn intensiver Delphinbewegung.**

Abstoßübungen:

- ***Übung A:***
  Kräftiger Abstoß in Brustlage ➟ Übergang zur KB unter Wasser bis ca. 10 m.
  A.-Wdh. = 2 bis 4 x 10 m, anschließend BA + KB bis 25 m.

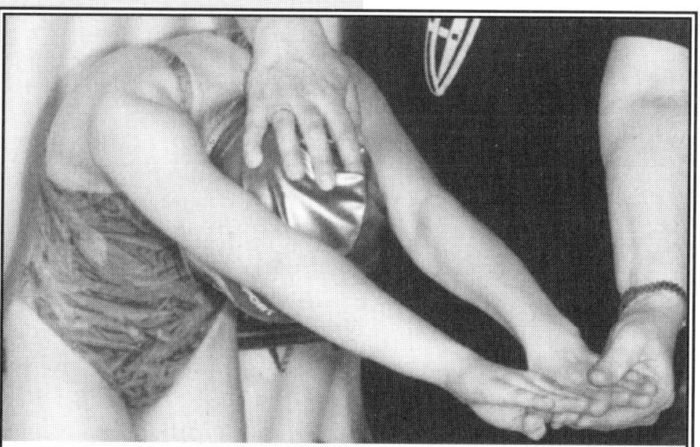

Imitationsübung ☞ Kopf bleibt zwischen den gestreckten Armen

- ***Übung B:***
  Kräftiger Abstoß in Rückenlage ➟ Übergang zur DB unter Wasser bis ca. 10 m.
  A.-Wdh. = 2 bis 4 x 8-12,5 m, anschließend RGL + DB bis 25 m.

☞ **Intensive DB mit gleichmäßiger bis vollständiger Ausatmung!**

- ***Übung C:***
  Kräftiger Abstoß in Brustlage ➞ Übergang zur DB unter Wasser bis ca. 10 m.
  A.-Wdh. = 2 bis 4 x 8-12,5 m, anschließend BA + DB bis 25 m.

☞ **Hohe Intensität und kraftvolle DB bei gut gestreckter Armhaltung!**

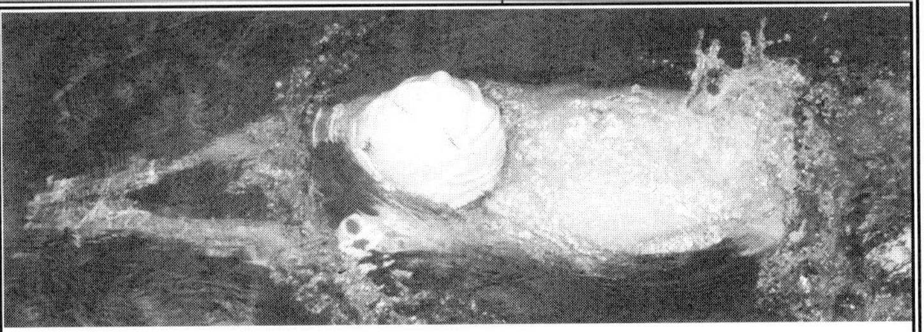

Körperstreckung und Kopf zwischen den Armen!

!

Beachte: **Beginn der Beinbewegung, *„wenn Gleitgeschwindigkeit etwa der Schwimmgeschwindigkeit entspricht“*.** (**Schramm, E.** 1987, S. 225)

Tips:

- Aus dem kraftvollen Abstoß die Gleitphase
  - ➞ extrem verlängern oder
  - ➞ extrem verkürzen bzw.
  - ➞ ohne Gleiten in die Bein- und Gesamtbewegung übergehen.

☞ **Die optimale, kurze Gleitphase „fühlen“ lassen!**

➤ **Einsatz der Armbewegung.**

- ***Übung A:***
  Aus der Ausgangsstartstellung
  ➞ Kraftvoller Absprung auf Kommando
  ➞ Kurze Gleitphase ➞ Schnellkräftige Delphinbewegung unter Wasser (6-12 DB) ➞ Übergang zur Gesamtbewegung
  ➞ Bis ca.15 m mit maximal hohem Tempo.
  A.-Wdh. = 2 bis 4 x 10-15 m, anschließend B-Gleiten bis 25 m.

☞ **Einsatz der Armbewegung, wenn der Kopf die Wasseroberfläche erreicht hat!**

(Erste) intensive Einatmung nach dem zweiten Armzug

➤ **Beachtung der Atmung.**

● ***Übung B:***
Aus der Ausgangsstartstellung
➟ Ablauf wie ***Übung A***.
A.-Wdh. = 2 bis 4 x 10-15 m,
anschließend B-Gleiten bis 25 m.

☞ **Gleichmäßige, vollständige Ausatmung bis zum zweiten Armzug, dann erfolgt die erste, intensive Einatmung!**

➤ **Starts mit vollständiger Bewegungsabfolge.**

● ***Übung C:***
Aus der Ausgangsstartstellung
➟ Ablauf wie ***Übung A.***
A.-Wdh. = 4 bis 8 x 15-20 m,
anschließend B- Gleiten bis 25 m.

❍ *Schulung **koordinativer Grundlagen**, besonders der **Kopplungsfähigkeit**.*

!

Hinweis: **Systematische Realisierung aller technischen Details bzw. Schwerpunkte beim Üben des vollständigen Bewegungsablaufs!**

Wettbewerb: „Wer ist der schnellste „Delphin“ über 15 m?“

(in Anlehnung an **Schramm, E.** *1987, S. 224-226)*

Tips zum Technik-Lerntraining

A: Kombination Start – Abstoß

Übungsdauer: ±15 Minuten.

A.-Wdh./ Streckenumfang: 4-8 x. Eingeordnet in die Teilstreckenlänge (TSL) bis 100-150 m entsprechend der Serienanforderung.

Intensität: I. und III. Abschnitt der Technikanforderung in maximaler Schnelligkeit (Sprint) mit einer Belastungsdauer ±10''.
II. und IV. Abschnitt Schwimmkombination als Lockerschwimmen

Aktive Pause: 2 bis 3 Minuten (mit Lockerschwimmen).

Idee: In der Rückenlage Armbewegung im Gleichschlag mit Delphinbewegung.

I. Abschnitt:
Aus der Ausgangsstellung ➞ Kraftvoller Absprung auf Kommando ➞ Körperspannung in der Flugphase ➞ Eintauchen ➞ Kurze Gleitphase ➞ Schnellkräftige Delphinbewegung unter Wasser bei gleichmäßiger bis vollständiger Ausatmung ➞ Beginn der Gesamtbewegung beim Auftauchen ➞ Einatmung nach dem zweiten Armzyklus ➞ Hohes Tempo beim Schmetterlingsschwimmen bis zur festgelegten Markierung ➞ [Stop].

Markierungshilfen zur Organisation des Trainings!

II. Abschnitt:
→ *Fortsetzung des Schwimmens in SK → [Stop].*

III. Abschnitt:
Kraftvoller Abstoß auf Kommando → Körperspannung- und streckung in der Gleitphase → Schnellkräftige Delphinbewegung unter Wasser bei gleichmäßiger bis vollständiger Ausatmung → Beginn der Gesamtbewegung beim Auftauchen → Einatmung nach dem zweiten Armzyklus → Hohes Tempo beim Schmetterlingsschwimmen bis zur festgelegten Markierung → [Stop]

IV. Abschnitt:
→ *Fortsetzung des Schwimmens in SK → [Stop].*

● Empfehlung zur Organisation

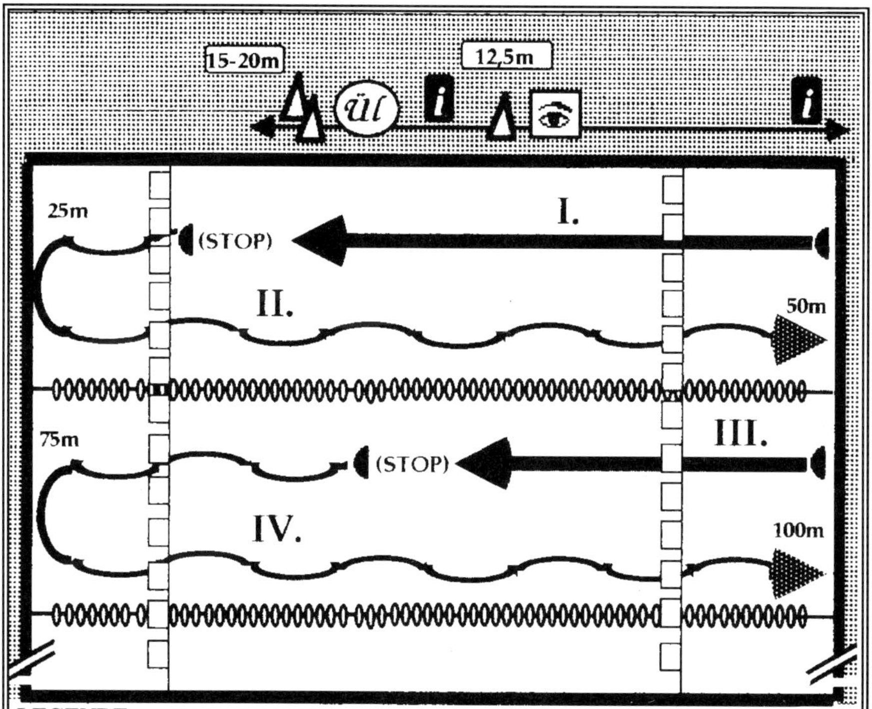

LEGENDE:
i = Informationsgebung durch den ÜL/T/L *ÜL* = Übungsleiter/Trainer/Lehrer oooo = Schwimmleine
ÜL = Standort 👁 = Beobachtungsbereich /// = Begrenzungsfähnchen (5 m vor der Wand)
I.- IV. Abschnitt

☞ **Ein bis maximal zwei technische Teilanforderungen - einstudieren bzw. üben!**

☞ **Gruppenspezifische Technikhinweise geben, die mit individuellen Tips schwimmtechnischer Auffälligkeiten des Sportlers kombiniert werden können!**

! Das Start – Abstoß – Techniktraining in der Mitte der Bahn und nicht im „Rechtsverkehr“ üben.

Wettbewerb:

- Übungsablauf wie oben beschrieben, mit Erfassung der Schwimmzeit bei Kopfdurchlauf an der Markierung.

  „Wer ist der schnellste Starter und Sprinter?“

Kombination:

- O.g. Übungsablauf mit zwei Kriterien:

  a) Schwimmzeit der festgelegten Distanz **+**

  b) Punktevergabe für erfüllte Technikanforderung.

  „Wer ist der technisch beste Starter und schnellste Sprinter?“

Tips zur Wettkampfvorbereitung

- **Erwärmungsgymnastik** ± 15 Minuten vor dem Einschwimmen, selbständige und gründliche Vorbereitung für das Einschwimmen.
- **Einschwimmprogramm** nach vorgegebenem Standard, dem Alters- und Leistungsbereich entsprechend mit anschließendem
- **Schnelligkeits-Technikprogramm.**

I. Abschnitt:
Aus der Ausgangsstellung → Kraftvoller Absprung auf Kommando → Flugphase → Gleitphase → Schnellkräftige DB unter Wasser → Beginn der Gesamtbewegung mit Auftauchen des Kopfes, mit hohem Tempo fortsetzen bis zur festgelegten Markierung → [Stop], Informationshinweise.

II. Abschnitt:
Lockerschwimmen bis zur folgenden festgelegten Markierung → [Stop].

III. Abschnitt:
Anschwimmen zum Anschlag in hohem Tempo → Vororientierung ohne Abbremsen oder Tempoverlust → Schnellkräftig an die Wand anschlagen → [Stop], Informationshinweise.

- **Lockerschwimmen.**

Beachte:

Bassin verlassen bzw. Wand freihalten für die folgenden Sportler. **!**

- ☞ **Die erforderlichen Technikhinweise sollten positiv orientiert zur motivationalen Unterstützung gegeben werden!**

- ☞ **Hinweise zum technikorientierten Einschwimmen nur auf eine Bewegungsaufgabe beschränken!**

- ☞ **Individuelle Technikhinweise geben!**

! **Das Start-, Anschlag- und Einschwimm-Techniktraining in der Mitte der Bahn und nicht im „Rechtsverkehr“ üben.**

● *Empfehlung zur Organisation*

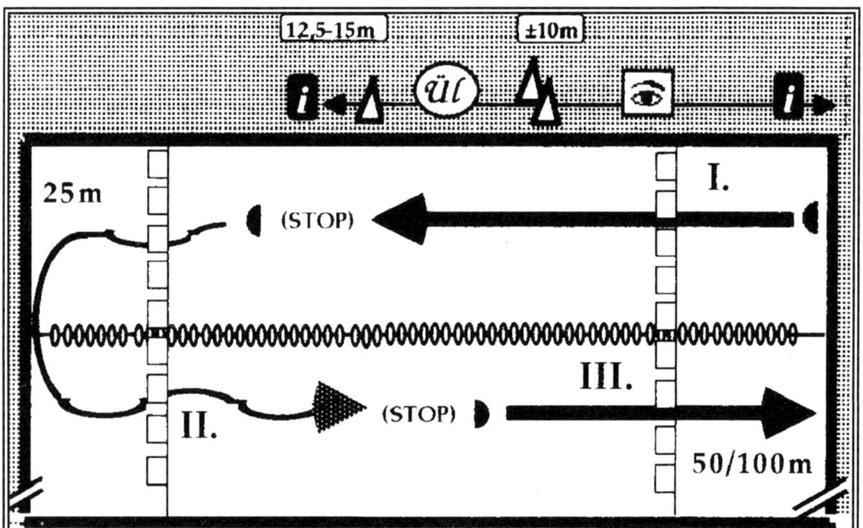

LEGENDE:
i = Informationsgebung durch den ÜL/T/L ÜL = Standort 👁 = Beobachtungsbereich ▶ I.-III. Abschnitt

2.4

Wende

Schmetterlingsschwimmen

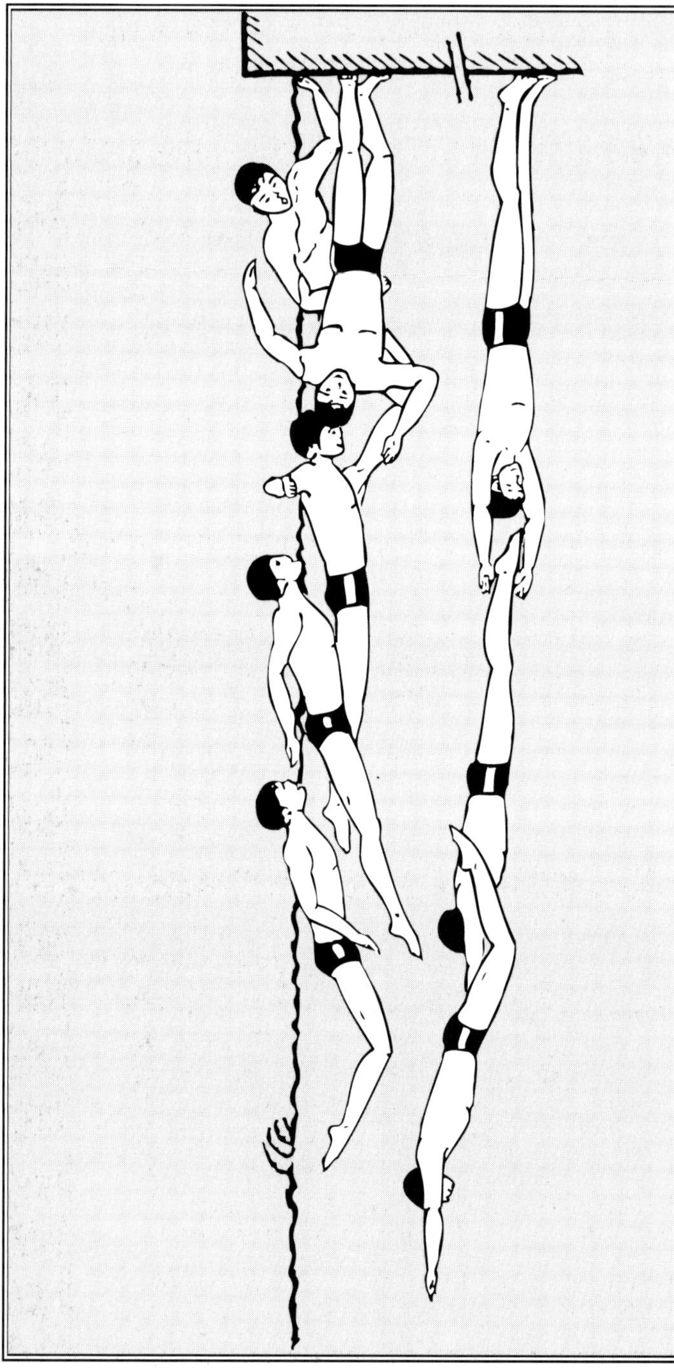

Aufgabenstellung

Richtungsumkehr an der Wendenwand
mit einer Wendengeschwindigkeit,
die größer als die Schwimmgeschwindigkeit sein muß.

A: Technikschwerpunkte – Wende Schmetterlingsschwimmen

Anschwimmen

- Vororientierung an der Wendenwand ohne Beeinträchtigung des Schwimmrhythmus mit der Vorbereitung, daß mit der Streckphase die Wand erreicht wird.
- Anschwimmen mit voller Geschwindigkeit.

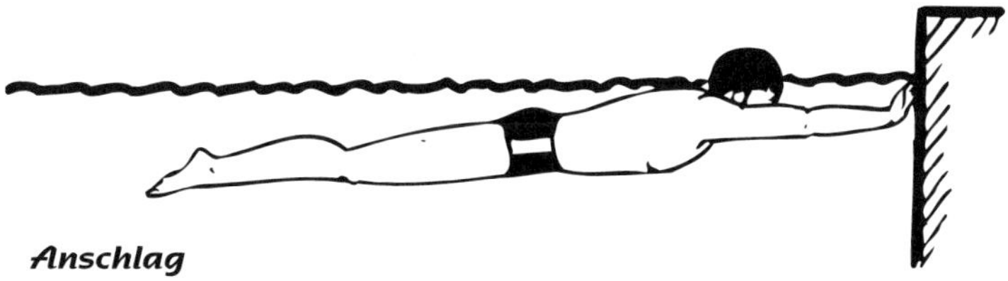

Anschlag

- Beide Hände schlagen gleichzeitig und leicht gebeugt in Höhe der Wasseroberfläche an.

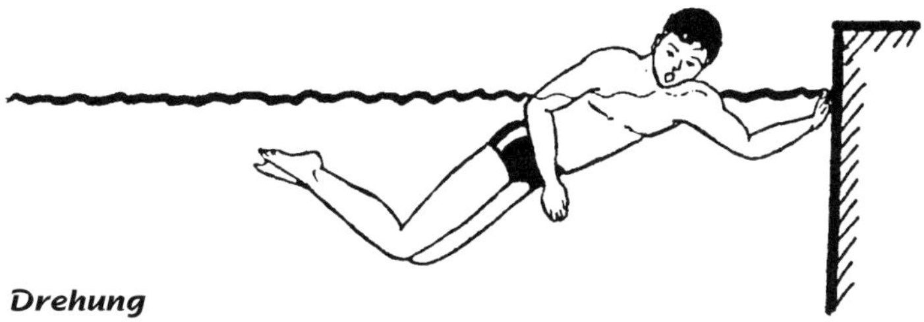

Drehung

- Abdruck und Lösen der einen Hand von der Wand mit aktiver Drehung des Kopfes und des Oberkörpers in die neue Schwimmrichtung.
- Die andere Hand unterstützt durch den Druck gegen die Wand die Drehung des Körpers.

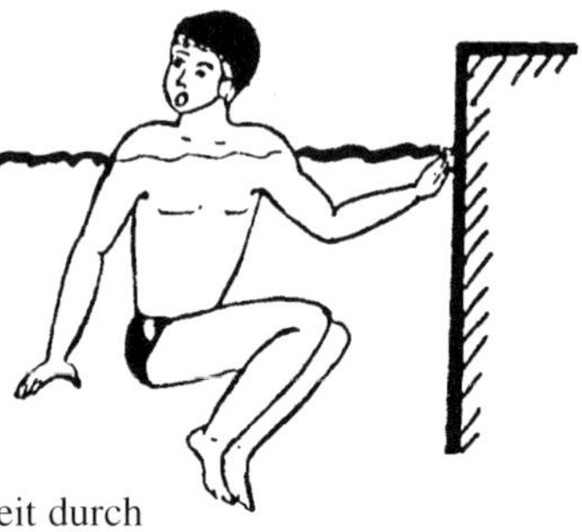

- Die Beine werden gleichzeitig schnellkräftig zur Wand und in Drehrichtung gehockt.
- Drehung an der Wasseroberfläche.
- Einatmen während der Drehung.
- Vergrößerung der Drehgeschwindigkeit durch aktiven Abdruck der zweiten Hand von der Wand und seitliches Abkippen des Oberkörpers in die neue Schwimmrichtung.

- Der eine Arm wird dicht am Körper nach vorn gebracht, gleichzeitig wird der andere Arm mit dem Abdruck der Hand von der Wand über Wasser in Schwimmrichtung zur Beschleunigung der Drehung aktiv nach vorn geschwungen.
- Einnehmen einer sicheren Abstoßstellung beider Füße unter der Wasseroberfläche, Hüft- und Kniegelenk sind gebeugt.

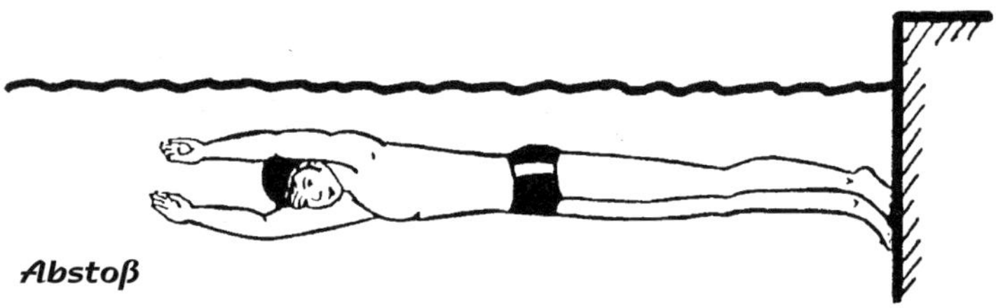

Abstoß

- Kraftvoller Abstoß mit beiden Beinen und explosiver Körperstreckung.
- Vollständige Körperstreckung, Kopf zwischen den gestreckten und geschlossenen Armen.

Gleitphase

- Kurze Gleitphase mit vollständiger Körperstreckung.
- Hände, Arme und Kopf steuern den Körper in Richtung Wasseroberfläche.
- Beginn der Ausatmung.

Übergang Schwimmbewegung

- Schnellkräftiger Einsatz der Delphinbewegung, wenn Gleitgeschwindigkeit etwa der Schwimmgeschwindigkeit entspricht.
- Arme sind vollkommen gestreckt.

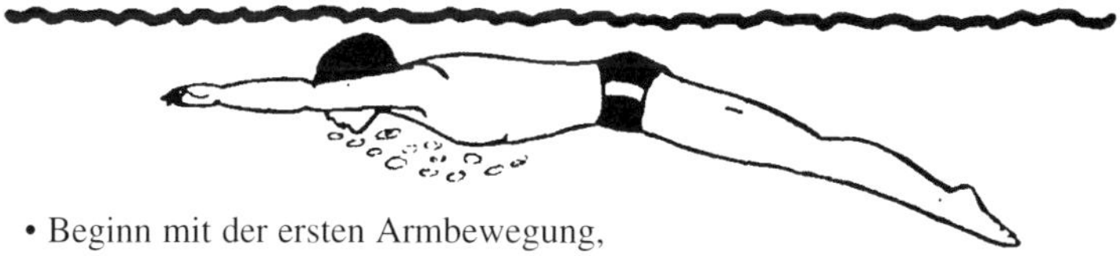

- Beginn mit der ersten Armbewegung, wenn der Kopf die Wasseroberfläche erreicht hat.
- Vollständige Ausatmung.

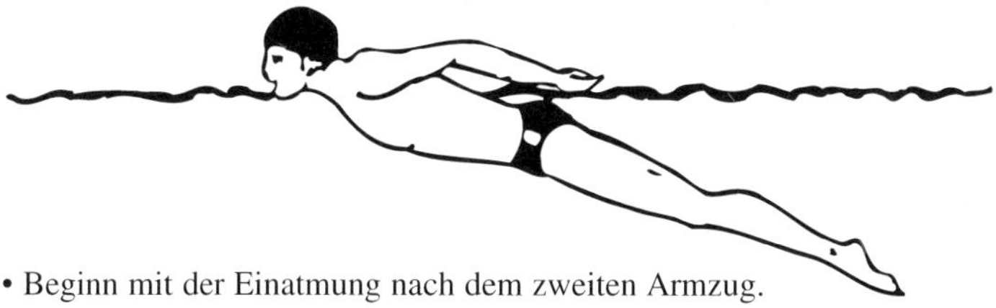

- Beginn mit der Einatmung nach dem zweiten Armzug.

B: Grundanforderungen – Wende Schmetterlingsschwimmen (hohe, seitliche Wende)

Für die Erfassung der Güte „Bewegungsausführung“ der hohen, seitlichen Wende im Schmetterlingsschwimmen sind die folgenden ausgewählten Bewegungsmerkmale zu beachten:

Grundanforderungen – Wende Schmetterlingsschwimmen	
Bewegungsmerkmal	Punkte
1. Anschwimmen und Anschlag	
Anschwimmen mit voller Geschwindigkeit und mit beiden Händen gleichzeitig bei voller Geschwindigkeit anschlagen.	*1*
☞ • Bewegung durch rechtzeitige Vororientierung auf den Anschlag einstellen! ☞ • Anschlag dicht unter der Wasseroberfläche!	
2. Drehung	
Drehung des Oberkörpers an der Wasseroberfläche mit aktivem Kopfeinsatz in die neue Schwimmrichtung und explosivem Anhocken der Beine in Abstoßrichtung.	*1*
3. Abstoß + Übergang in die Schwimmbewegung	
Schnellkräftiger Abstoß unter Wasser und horizontal bis zur völligen Körperstreckung.	*1*
☞ • Kopf ist zwischen den Armen!	
Nach schnellkräftigem Abstoß unter Wasser und kurzem Gleiten beginnen die kraftvollen Delphinbewegungen bei gleichmäßiger Ausatmung.	*1*
☞ • Mindestens 3 bis 6 Delphinbewegungen unter Wasser!	
Armbewegung setzt ein, wenn der Kopf die Wasseroberfläche erreicht und erst nach dem zweiten Armzyklus wird eingeatmet.	*1*
☞ • Vollständiges Ausatmen unter Wasser!	
Maximum der Punktbewertung	**5**

(vgl.: DSSV 1985, S. 16i)

! ***Die Beobachtungsergebnisse können mit Hilfe der Punktbewertung registriert und gruppenspezifische sowie individuelle, technikspezifische Mängel besser analysiert werden.***

Tips zur gedanklichen Technikorientierung

Anschlag und Drehung

• Vororientierung der Bewegung auf den Anschlag
• Anschlag mit beiden Händen gleichzeitig

• Beine schnellkräftig zur Wand und Drehrichtung anhocken
• Schnelle Drehung und einatmen

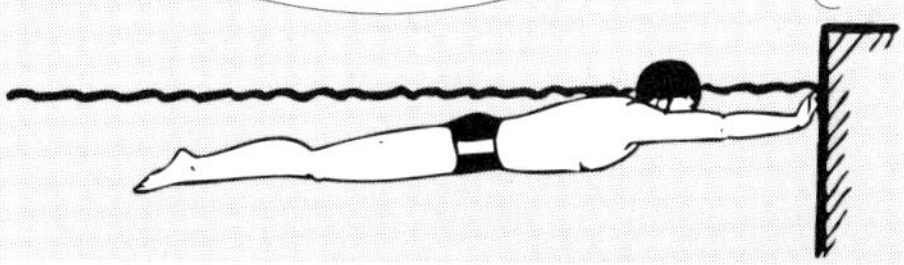

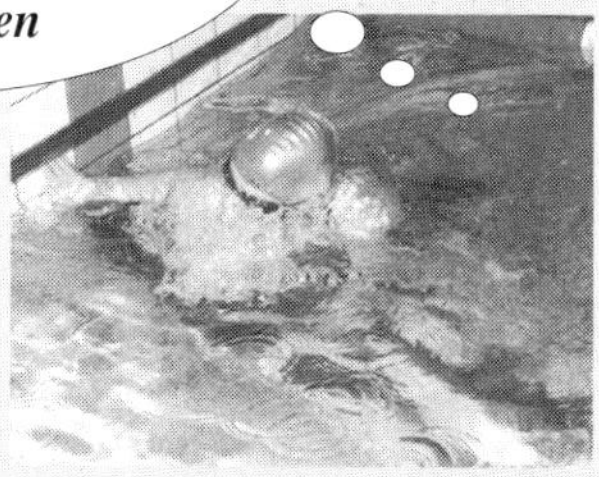

Abstoß

• Kraftvoller Abstoß unter Wasser mit explosiver Körperstreckung
• Kurze Gleitphase mit Kopf zwischen den gestreckten Armen

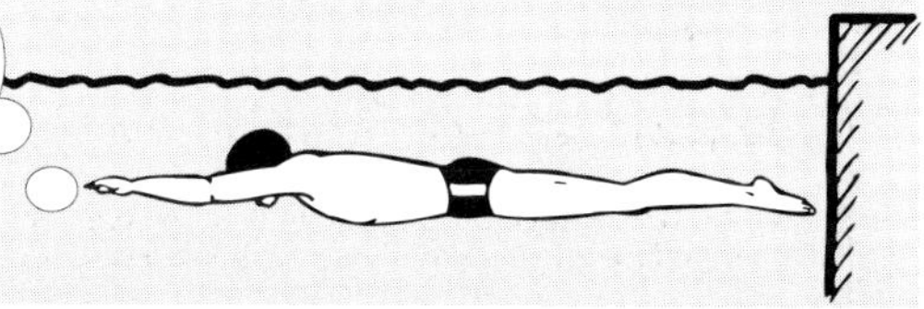

Übergang in die Schwimmbewegung

• Schnelle, kraftvolle Delphinbewegung unter Wasser

• Vollständige Ausatmung, Einatmung beim zweiten Armzug.
• Kraftvoller Armeinsatz an der Wasseroberfläche

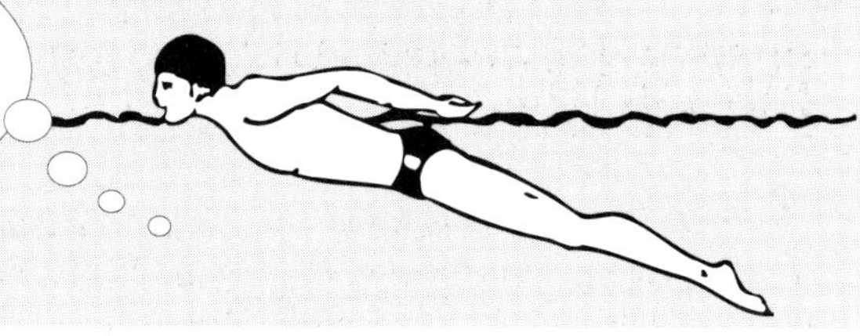

C: Lernabfolge – Wende Schmetterlingsschwimmen (hohe, seitliche Wende)

In der folgenden Übersicht werden für die hohe, seitliche Wende des Schmetterlingsschwimmen Hinweise für die inhaltliche Gestaltung der einzelnen Lernschritte angeboten.

Beachte:
Die numerierte Lernabfolge ist beizubehalten!

➤ Die Reihung der **Teilanforderungen** kann der gruppentypischen Situation angepaßt und variiert werden.

☞ **Zahlreiche Tips** für den Trainer sollen die Trainingspraxis unterstützen. Für das zielgerichtete Lerntraining können zur weiteren Qualifizierung der Schwimmtechnik spezielle Übungsformen im ● **Wasser-** bzw. ❍ **Landtraining** angewendet und durch den Trainer weiterentwickelt werden.

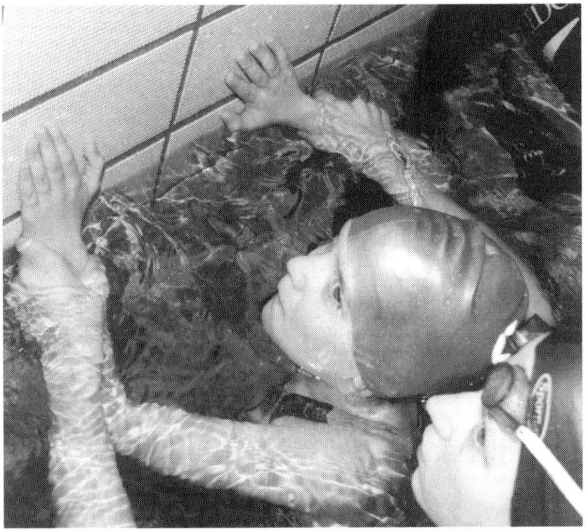

Imitationsübungen zur Verinnerlichung des Bewegungsablaufs der Wende im Schmetterlingsschwimmen

Lernabfolge mit Fixierung der Technikmerkmale
hohe, seitliche Schmetterlingswende

Technikmerkmal

Spezielle Übungen beim ● Wasser- ❍ Landtraining

☞ Tips für den Trainer

Anschwimmen und Vorbeitung des Anschlags

1.

➤ **Anschwimmen mit Vororientierung und Anschlag.**

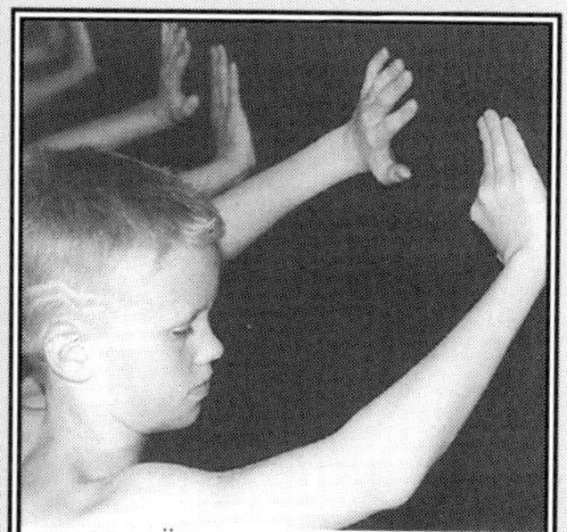

Anschlag-Übungen an Land

Finger zeigen in Drehrichtung.
Anschlag mit leicht gebeugten Armen.

● ***Übung A***:

• 8-12,5 m vor der Wand im Wettkampftempo anschwimmen ➞ Vororientierung an der Wendenwand ➞ Anschlag mit beiden Händen gleichzeitig.

• Anschließend aus dem Abstoß ➞ Kurzes Gleiten ➞ Intensive DB unter Wasser bis ca. 8 m ➞ Weiterschwimmen in SK zur Ausgangsposition zurück.

Anzahl der Wiederholung (A.-Wdh.) = 2 bis 4 x 8-12,5 m, aus dem Abstoß DB und anschließend Schwimmkombination (RGL + DB) bis zur 12,5 m-Ausgangsstellung zurück.

☞ **Nicht abbremsen oder angleiten!**

☞ **Hände gleichzeitig in Höhe der Wasseroberfläche anschlagen!**

● ***Übung B***:

➞ Übungsablauf wie ***Übung A.***

A.-Wdh. = 2 bis 4 x 8-12,5 m, aus dem Abstoß DB und anschließend RGL + DB bis zur 12,5 m-Ausgangsstellung zurück.

☞ **Kopf wird aktiv und schnell in die neue Schwimmrichtung gedreht!**

☞ **Hände drücken sich kräftig von der Wand ab!**

● ***Übung C***:

➞ Übungsablauf wie ***Übung A.***

A.-Wdh. = 2 bis 4 x 8-12,5 m, aus dem Abstoß DB und anschließend RGL + DB bis zur 12,5 m-Ausgangsstellung zurück.

☞ **Finger zeigen in die Drehrichtung!**

☞ **Anschlag mit leicht gebeugten Armen!**

Abstoßübungen

2.

➤ **Sichere Abstoßstellung an der Wand.**

➤ **Kurze Gleitphase, Beginn intensiver Delphinbewegung.**

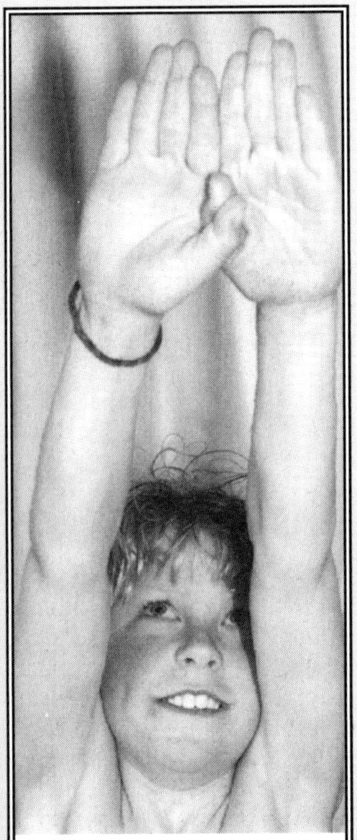

Beide Hände werden für den Abstoß gut zusammen „festgehalten“

❍ ***Imitationsübungen** zur Verinnerlichung des **Abstoßes.***

❍ *Erklären, Demonstrieren und kurzes, aber regelmäßiges **Üben der Abstoßstellung.***

☞ **Sichere Fußstellung unter Wasser an der Wand!**

● **Abstoßübungen:**

Übung A: Kräftiger Abstoß in Rückenlage ➟ Übergang zur DB unter Wasser bis ca. 10 m.
(A.-Wdh.) = 2 bis 4 x 8-12,5 m, anschließend RGL + DB bis 25 m.

☞ **Körperstreckung und Kopf zwischen den Armen!**

☞ **Intensive DB mit gleichmäßiger bis vollständiger Ausatmung!**

● ***Übung B***: Kräftiger Abstoß in Rückenlage ➟ Übergang zur DB unter Wasser bis ca. 10 m.
(A.-Wdh.) = 2 bis 4 x 8-12,5 m, anschließend BA + DB bis 25 m.

☞ **Hohe Intensität und kraftvolle DB bei gut gestreckter Armhaltung!**

☞ **Beginn der Beinbewegung, wenn Gleitgeschwindigkeit etwa der Schwimmgeschwindigkeit entspricht!**

Wettbewerb:

● Kräftiger Abstoß in Brustlage ➟ Übergang zur DB unter Wasser bis 8 m.
A.-Wdh. = 2 bis 4 x 8 m, anschließend RGL + DB bis 25 m.

☞ **Gemessen wird die Weite. „Wer kann am besten abstoßen mit anschließender DB?“**

❍ *Entwicklung und Verbesserung der **Orientierungs-** und **Kopplungsfähigkeit.***

Tips:

Spielerische Übungsformen zur Schulung des Abstoßes und des Überganges zur Delphinbewegung:

- ***Übungsspiel A*:**
  Kraftvoller Abstoß mit waagerechter Lage des Oberkörpers unter der Wasseroberfläche ➞ Explosive Körperstreckung ➞ Kopf ist zwischen den gestreckten Armen ➞ Mit intensiven, schnellkräftigen DB ➞ Nach, unter und durch Geräte ➞ Bei gleichmäßiger Ausatmung.
  A.-Wdh. = 2 bis 4 x.

☞ **Auf intensive DB achten!**

- ***Übungsspiel B*:**
  Kraftvoller Abstoß mit ➞ Explosiver Körperstreckung ➞ Auf den Bassingrund abgleiten mit DB bei gleichmäßiger Ausatmung (maximal 3 m Tiefe) ➞ Bei anschließendem Auftauchen mit DB.
  A.-Wdh. = 2 bis 4 x.

☞ **Auf gleichmäßige und vollständige Ausatmung achten!**

Drehung und Abstoß

3.

➤ **Kopf und Oberkörper steuern in die Drehrichtung.**

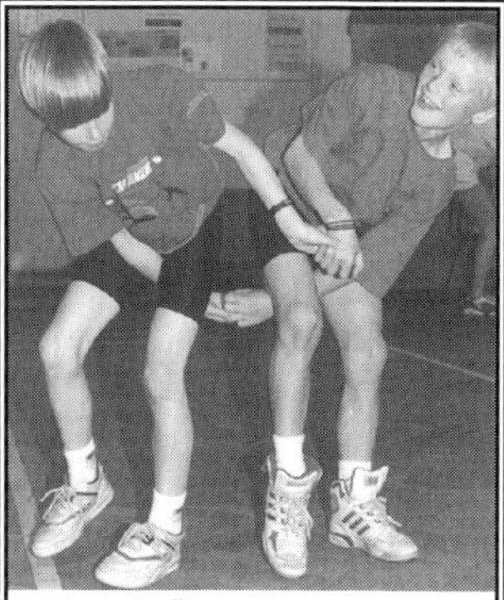

Spielerische Übungsformen zur Verbesserung der Orientierungsfähigkeit

❍ *Übungen zur Schulung der **Orientierungsfähigkeit.***

❍ ***Imitationsübungen** zur Schulung der explosiven und kraftvollen **Bewegungsausführung.***

- ***Übung A*:**
  8-10 m vor der Wand im Wettkampftempo anschwimmen ➞ Anschlag ➞ Drehung ➞ Kopf und Schulter aktiv und schnell in die neue Drehrichtung drücken ➞ Abstoß ➞ Knie gleichzeitig explosiv anhocken und in die neue Schwimmrichtung reißen ➞ Abstoß ➞ Kurzes Gleiten ➞ DB unter Wasser ➞ Gesamtbewegung bis ca. 8 m ➞ Weiterschwimmen in SK zur Ausgangsposition zurück.
  A.-Wdh. = 2 bis 4 x 8-10 m, anschließend B- Gleitübungen bis 25 m.

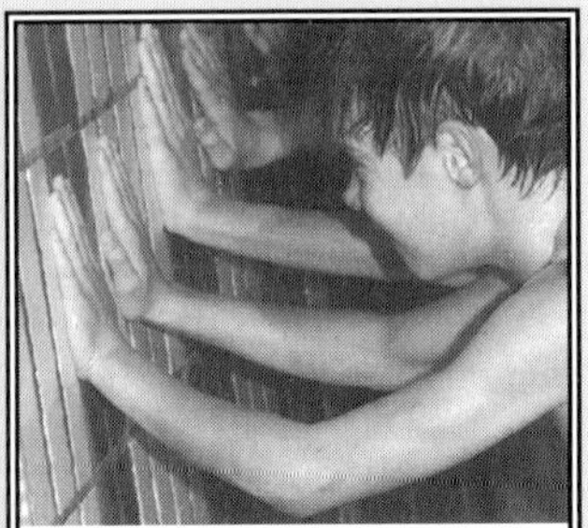

Imitationsübung – Anschlag mit beiden Händen gleichzeitig und leicht gebeugten Ellenbogen

☞ **Anschlag mit leicht gebeugten Ellenbogen!**

☞ **Anschlag und Abdruck beider Hände in die neue Schwimmrichtung!**

➤ **Anhocken der Beine in Drehrichtung.**

Laufübungen mit koordinativer Aufgabe schneller Richtungsänderungen um 180°

● ***Übung B***:

➞ Ablauf wie ***Übung A.***

A.-Wdh. = 2 bis 4 x 8-10 m, anschließend B-Gleitübungen bis 25 m.

☞ **Aktiver Einsatz der Kopfsteuerung bei der Drehung!**

☞ **Gleichzeitiges, explosives Anhocken der Beine in Drehrichtung!**

Tips:

❍ *Verbesserung* ***koordinativer Voraussetzungen*** *wie die der*
- ***Orientierungs-*** *und*
- ***Kopplungsfähigkeit.***

❍ Spielerische Laufübungen mit schnellen Drehungen auf Kommando mit und ohne aktiven Kopfeinsatz.

❍ Spiele mit schnellen Drehungen um die Körperlängsachse.

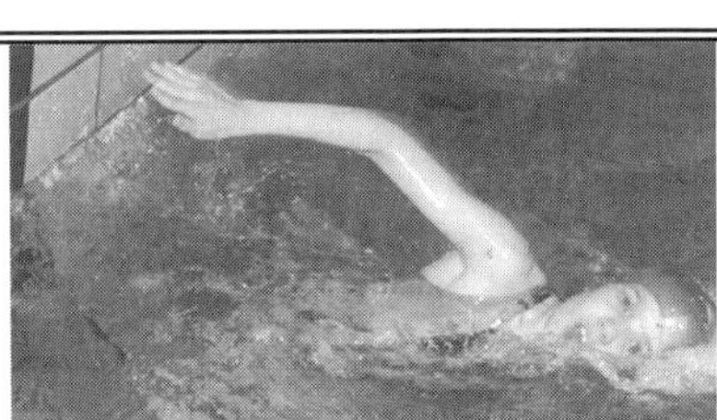

Vorbereitende Übungen an Land für die Drehung mit schwungvollen Armeinsatz über Wasser

➤ **Drehung mit seitlichem Abkippen des Oberkörpers.**

● ***Übung C:***
➟ Ablauf wie ***Übung A.***
A.-Wdh. = 2 bis 4 x 8-10 m, anschließend B-Gleitübungen bis 10 m zur Ausgangsposition zurück.

☞ **Schwungvoller Armeinsatz über Wasser während der Drehung!**

❍ *Übungen zur Verbesserung und Kräftigung der* ***Bauchmuskulatur.***

Abstoß und Übergang in die Schwimmbewegung

4.

➤ **Abstoß – Kurzes Gleiten – DB.**

Entwicklung und Verbesserung der Sprungkraft

● ***Übung D:***
➟ Ablauf wie ***Übung A.***
A.-Wdh. = 2 bis 4 x 8-10 m, anschließend RGL + DB bis 10 m zur Ausgangsposition zurück.

☞ **Hohe Drehgeschwindigkeit durch aktive Kopfdrehung und Vorschwingen des einen Armes in die Schwimmrichtung!**

❍ *Entwicklung und Verbesserung der* ***Sprungkraft.***

❍ *Entwicklung der* ***Körperspannung.***

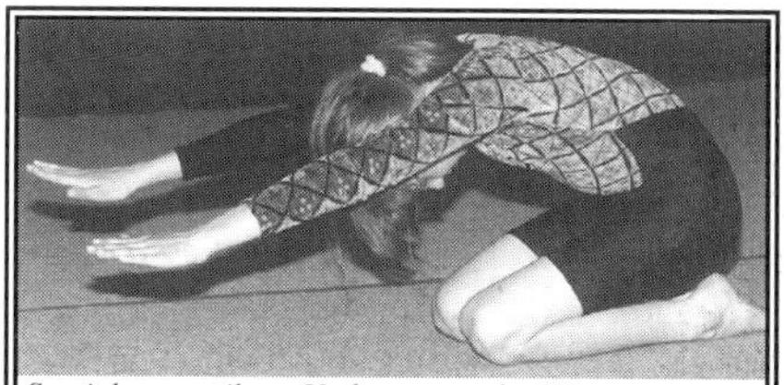

Spezialgymnastik zur Verbesserung der Körperspannung

➤ **Abstoß – Kurzes Gleiten – DB mit gleichmäßiger Ausatmung.**

❍ ***Imitationsübungen*** *zur Schulung der explosiven und kraftvollen* ***Bewegungsausführung.***

● ***Übung E:***
➟ Ablauf wie ***Übung A.***
A.-Wdh. = 2 bis 4 x 8-12,5 m, anschließend BA + DB bis 12,5 m zur Ausgangsposition zurück.

☞ **Abstoß in waagerechter Körperlage bis zur vollständigen Körperstreckung!**
☞ **Intensive DB bei gleichmäßiger bis vollständiger Ausatmung unter Wasser!**

➤ **Übergang in die Schwimmbewegung.**

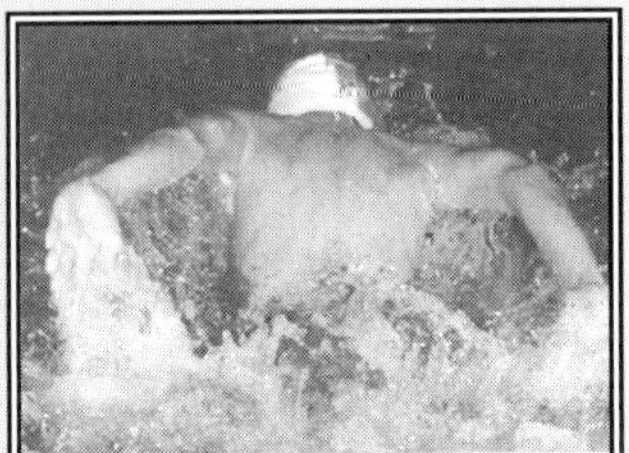

Übergang zur Gesamtbewegung mit Auftauchen des Kopfes an der Wasseroberfläche

- ***Übung F*:**
  ➞ Ablauf wie ***Übung A.***
  A.-Wdh. =2 bis 4 x 8 - 12,5 m, anschließend RGL + DB bis 12,5 m zur Ausgangsposition zurück.

☞ **Kopf- und Armsteuerung bei der Drehung und Übergang zur Schwimmbewegung beachten!**
☞ **Fließende Übergänge zwischen den einzelnen Teilbewegungen!**

Wettbewerb:

- 5 m vor der Wand im Wettkampftempo anschwimmen ➞ Wende ➞ Kurzes Gleiten ➞ DB ➞ Schmetterlingsschwimmen bis 10 m.

  A.-Wdh. = 2 bis 4 x 15-20 m, anschließend B-Gleitübungen bis 50 m zur Ausgangsstellung zurück.

☞ **Gemessen wird die Zeit mit „Kopfdurchlauf". „Wer ist der schnellste und technisch perfekte „Delphinwender"?"**

➤ **Übergang in die Schwimmbewegung aus dem vollständigen Bewegungsablauf.**

- ***Übung G*:**
  ➞ Ablauf wie ***Übung A.***
  ➞ Einsatz schnellkräftiger Delphinbewegung (bis 8 Schläge) unter Wasser ➞ 2 Züge Gesamtbewegung ➞ Einatmung ➞ Bis ca. 10 m nach der Wende mit hohem Tempo weiterschwimmen.
  A.-Wdh. = 2 bis 4 x 15-20 m, anschließend B-Gleitübungen bis 20 m zur Ausgangsstellung zurück.

☞ **Kopf- und Armsteuerung bei der Drehung und Übergang zur Schwimmbewegung beachten!**
☞ **Fließende Übergänge zwischen den einzelnen Teilbewegungen!**

! ***Beachte:*** ***Jedes Wendentraining muß mit hoher Konzentration, Bewußtheit sowie mit anzustrebender Perfektion der einzelnen Phasen geübt werden.*** *(in Anlehnung an* ***Schramm, E.*** *1987, S. 231-232)*

Tips zum Technik-Lerntraining

A: Standard-Wende Schmetterlingsschwimmen

Übungsdauer: ±15 Minuten.

A.-Wdh./ Streckenumfang: 4-8 x. Eingeordnet in die Teilstreckenlänge (TSL) bis 50-150 m entsprechend der Serienanforderung.

Intensität: I. Abschnitt der Technikanforderung in maximaler Schnelligkeit (Sprint) mit einer Belastungsdauer ±10''. Höchste Schnelligkeit in technischer Perfektion.
II. Abschnitt Schwimmkombination als Lockerschwimmen.

Aktive Pause: 2 bis 3 Minuten (mit Lockerschwimmen).

Idee: In der Rückenlage Armbewegung im Gleichschlag mit Brustbeine.

I. Abschnitt:
Anschwimmen im Wettkampftempo ➞ Vororientierung ➞ Anschlag ➞ Drehung ➞ Abstoß ➞ Kurze Gleitphase ➞ Schnellkräftige DB unter Wasser, bei gleichmäßiger Ausatmung ➞ Beginn der Gesamtbewegung mit Auftauchen des Kopfes, ➞ Beginn mit der Einatmung nach dem zweiten Armzyklus, ➞ Mit hohem Tempo fortsetzen bis zur festgelegten Markierung ➞ [Stop], Informationshinweise.

II. Abschnitt:
➞ Lockerschwimmen bis zur folgenden festgelegten Markierung ➞ [Stop].

☞ **Abschnitt der Technikanforderung im Wettkampftempo schwimmen!**

☞ **Auf Kopf- und Armsteuerung achten!**

☞ **Gleichmäßige Ausatmung unter Wasser!**

!

Gruppenspezifische und individuelle Hinweise mittels „Zeichensprache“ durch Handbewegung den Sportlern mitteilen.

● Empfehlung zur Organisation

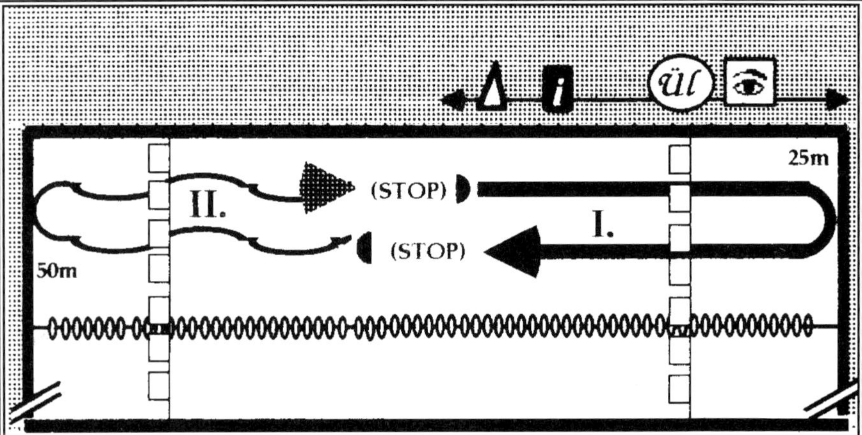

LEGENDE:

i = Informationsgebung durch den ÜL/T/L ÜL = Übungsleiter/Trainer/Lehrer oooo = Schwimmleine
ÜL = Standort 👁 = Beobachtungsbereich /// = Begrenzungsfähnchen (5 m vor der Wand)
▶ I.+II. Abschnitt

!

Das Wende-Techniktraining in der Mitte der Bahn und nicht im „Rechtsverkehr“ üben.

ß: Kombination Start – Wende

Übungsdauer: ±15 Minuten.

A.-Wdh./ Streckenumfang: 2-6 x. Eingeordnet in die Teilstreckenlänge (TSL) bis 100-200 m entsprechend der Gruppenstärke und Serienanforderung.

Intensität: I. + III. Abschnitt der Technikanforderung in maximaler Schnelligkeit (Sprint) mit einer Belastungsdauer ±10" bzw. ±15 m.
Höchste Schnelligkeit in technischer Perfektion.
II. + IV. Abschnitt Schwimmkombination als Lockerschwimmen.

Aktive Pause: 2 bis 3 Minuten (mit Lockerschwimmen).

Idee: B-Gleitübungen mit gleichmäßig langen Armzügen und relativ langer Gleitphase.

I. Abschnitt:

Aus der Ausgangsstellung → Kraftvoller Absprung auf Kommando → Flugphase → Gleitphase → Schnellkräftige DB unter Wasser → Ausatmung → Beginn der Gesamtbewegung mit Auftauchen des Kopfes → Einatmung nach dem zweiten Armzyklus → Mit hohem Tempo fortsetzen bis zur festgelegten Markierung → [Stop], Informationshinweise.

II. Abschnitt:

Lockerschwimmen bis zur folgenden festgelegten Markierung → [Stop].

III. Abschnitt:

Anschwimmen im Wettkampftempo → Vororientierung → Anschlag → Drehung → Abstoß → Kurze Gleitphase → Schnellkräftige DB unter Wasser → Ausatmung → Beginn der Gesamtbewegung mit Auftauchen des Kopfes → Einatmung nach dem zweiten Armzyklus → Mit hohem Tempo fortsetzen bis zur festgelegten Markierung → [Stop], Informationshinweise.

IV. Abschnitt:

Lockerschwimmen bis zur folgenden festgelegten Markierung → [Stop].

☞ **Gruppenspezifische Technikhinweise geben!**

☞ **Hinweise zum technikorientierten Lerntraining nur auf eine Bewegungsaufgabe beschränken!**

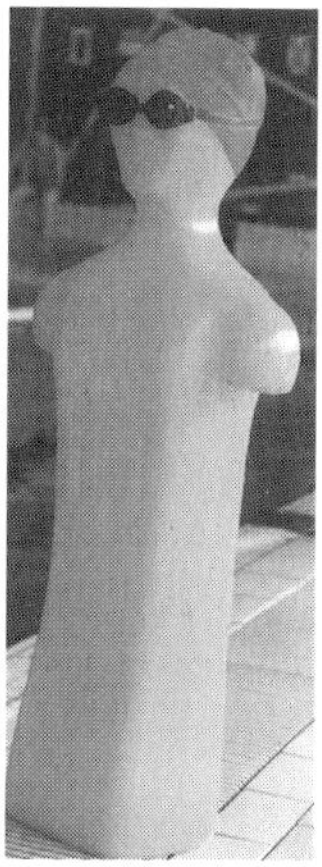

Für Markierungshilfen sind der Phantasie des Trainers keine Grenzen gesetzt ...!

● Empfehlung zur Organisation

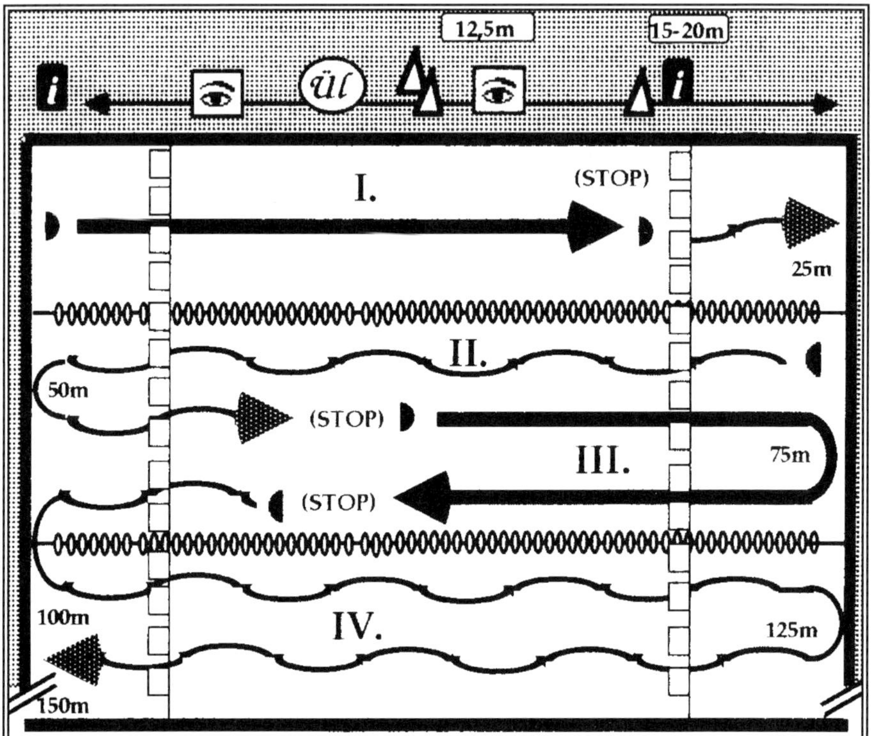

LEGENDE:

i = Informationsgebung durch den ÜL/T/L *Üℓ* = Übungsleiter/Trainer/Lehrer oooo = Schwimmleine
Üℓ = Standort 👁 = Beobachtungsbereich /// = Begrenzungsfähnchen (5 m vor der Wand)
◗ I. bis IV. Abschnitt

☞ **Der Lern-/Merkeffekt kann mit parallelen Technikhinweisen erhöht werden, wie z.B.:**

„Vororientierung an der Flaggenbegrenzung!“
„Mit hohem Tempo bis zur Wand anschwimmen!“

Beachte:
Das Wende-Anschlag-Techniktraining
in der Mitte der Bahn
und nicht im „Rechtsverkehr“ üben!

2.5

Lagenwende

Schmetterlings-/Rückenschwimmen

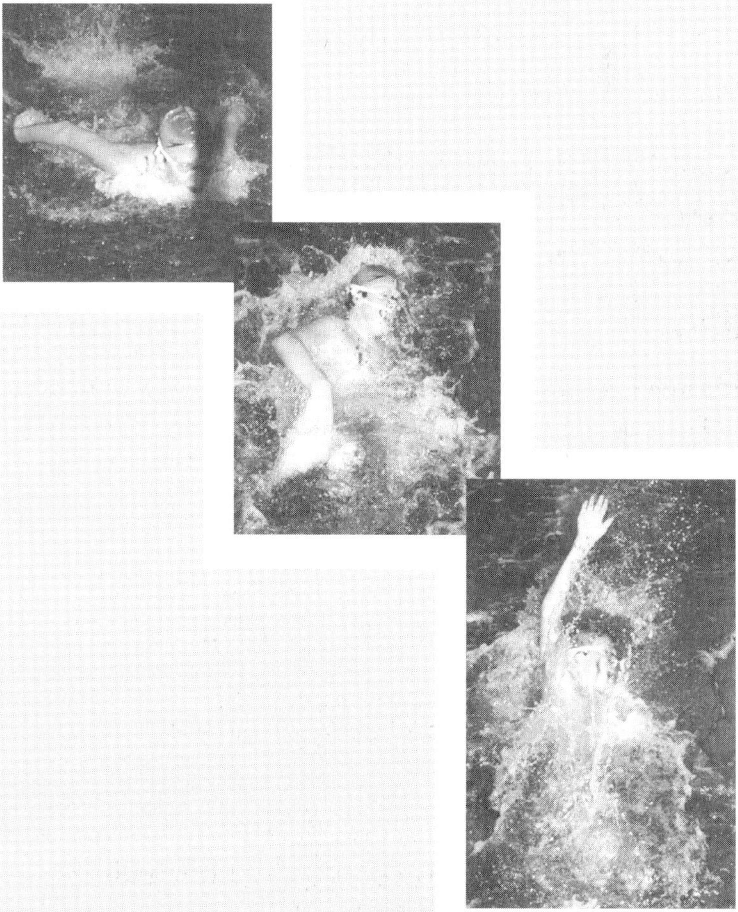

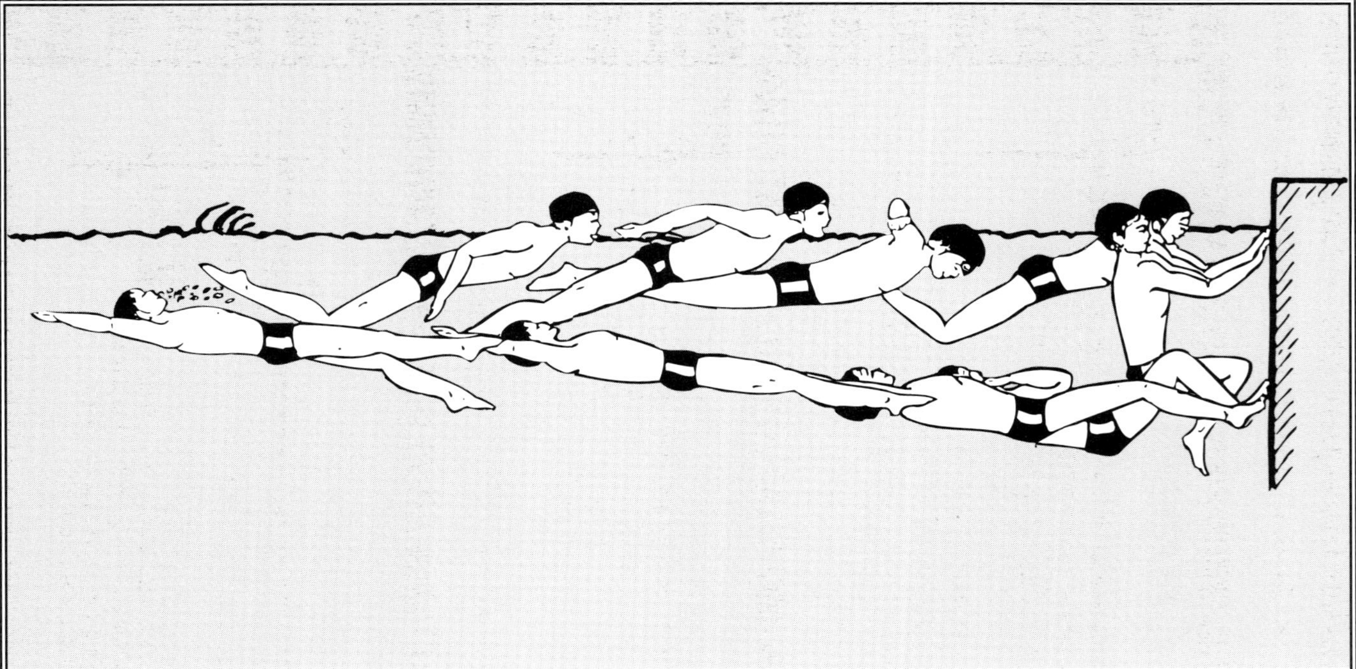

Aufgabenstellung

Richtungsumkehr und Schwimmartwechsel
an der Wendenwand mit einer Wendengeschwindigkeit,
die größer als die Schwimmgeschwindigkeit sein muß.

A: Technikschwerpunkte – Lagenwende

Schmetterlingsschwimmen zum Rückenschwimmen

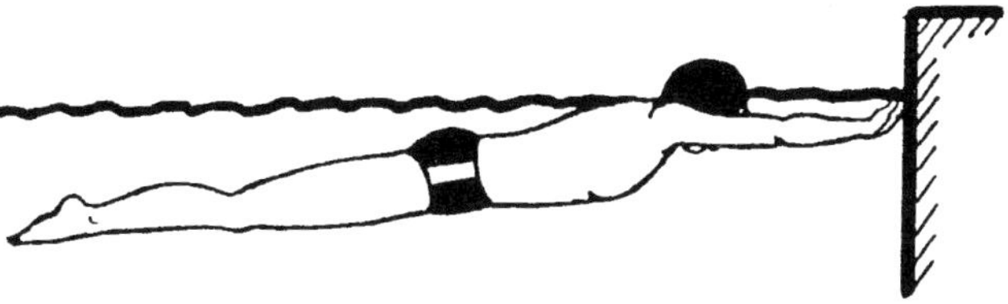

Anschwimmen und Anschlag

- Anschwimmen mit voller Geschwindigkeit.
- Vororientierung an der Wendenwand ohne Beeinträchtigung des Schwimmrhythmus.
- Anschlag mit beiden Händen gleichzeitig und leicht gebeugt dicht unter der Wasseroberfläche.

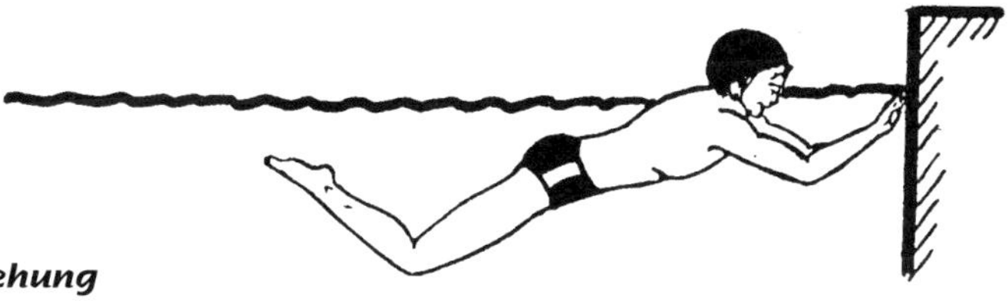

Drehung

- Die Beine werden gleichzeitig schnellkräftig zur Wand gehockt.

- Aktiver Abdruck beider Hände von der Wand sowie Aufrichten und Abkippen des Oberkörpers nach hinten in die neue Schwimmrichtung.
- Einatmung während der Drehung.

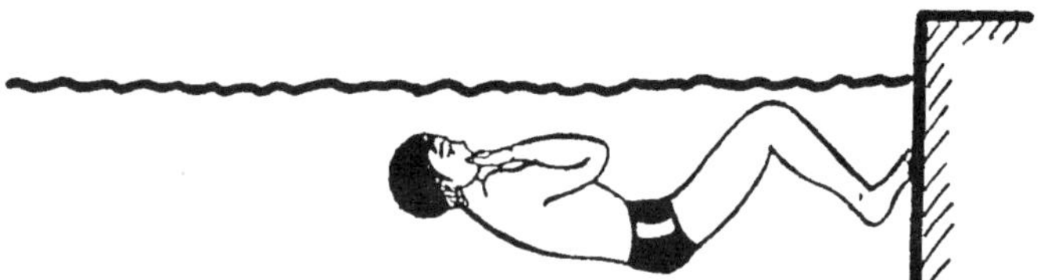

- Beide Arme werden dicht am Körper nach vorn gebracht.
- Einnehmen einer sicheren Abstoßstellung beider Füße unter der Wasseroberfläche.

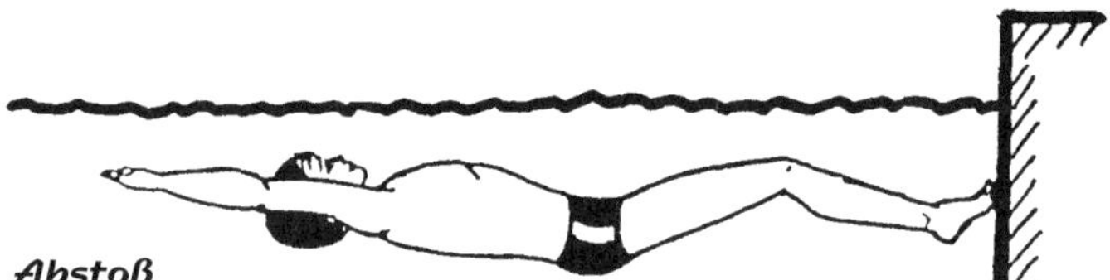

Abstoß

- Mit beiden Beinen einen kraftvollen Abstoß in der Rückenlage und explosiver Körperstreckung.
- Kopf zwischen den gestreckten und geschlossenen Armen.

Gleitphase und Übergang in die Schwimmbewegung

Hinweis: Vergleiche den Abschnitt und die Bildreihe tiefe Rückenwende vom Abstoß bis zur Schwimmbewegung.

- Kurzes Gleiten mit vollständiger Körperstreckung.
- Beginn der Ausatmung.

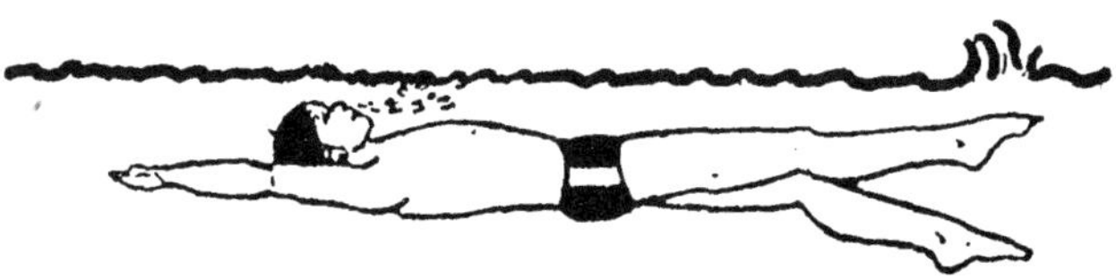

- Schnellkräftiger Einsatz der Beinbewegung, wenn Gleitgeschwindigkeit etwa der Schwimmgeschwindigkeit entspricht.
- Beginn mit der ersten, besonders intensiven Armbewegung, wenn der Kopf die Wasseroberfläche erreicht (kein Doppelarmzug).

B: Grundanforderungen – Lagenwende

Schmetterlingsschwimmen zum Rückenschwimmen

Für die Erfassung der Güte „Bewegungsausführung“ der Lagenwende vom Schmetterlings- zum Rückenschwimmen sind die folgenden ausgewählten Bewegungsmerkmale zu beachten:

Grundanforderungen – Lagenwende S/R	
👁 Bewegungsmerkmal	Punkte
1. Anschwimmen und Anschlag	
👁 **Anschwimmen mit voller Geschwindigkeit und mit beiden Händen gleichzeitig bei leicht gebeugten Ellenbogen anschlagen.**	*1*
☞ • Bewegung durch rechtzeitige Vororientierung auf den Anschlag einstellen!	
☞ • Anschlag dicht unter der Wasseroberfläche!	
2. Drehung	
👁 **Explosives Anhocken der Beine zur Wand.**	*1*
👁 **Drehung durch Abkippen des Oberkörpers nach hinten bei aktivem Kopfeinsatz und gleichzeitigem Abdruck beider Arme von der Wand.**	*1*
☞ • Einatmen während der Drehung!	
3. Abstoß + Übergang in die Schwimmbewegung	
👁 **Schnellkräftiger Abstoß unter Wasser in der Rückenlage bis zur völligen Körperstreckung und kurzem Gleiten.**	*1*
☞ • Kopf ist zwischen den Armen!	
👁 **Intensive Rückenbeinbewegung unter Wasser, erst wenn der Kopf über der Wasseroberfläche ist, beginnt die Gesamtbewegung.**	*1*
☞ • Vollständige Ausatmung unter Wasser!	
☞ • Mindestens 5 bis 8 m Rückenbeinbewegung unter Wasser!	
Maximum der Punktbewertung	**5**

(vgl.: DSSV 1985, S. 16)

! ***Die Beobachtungsergebnisse können mit Hilfe der Punktbewertung registriert und gruppenspezifische sowie individuelle, technikspezifische Mängel besser analysiert werden.***

Tips zur gedanklichen Technikorientierung

● Anschwimmen und Anschlag

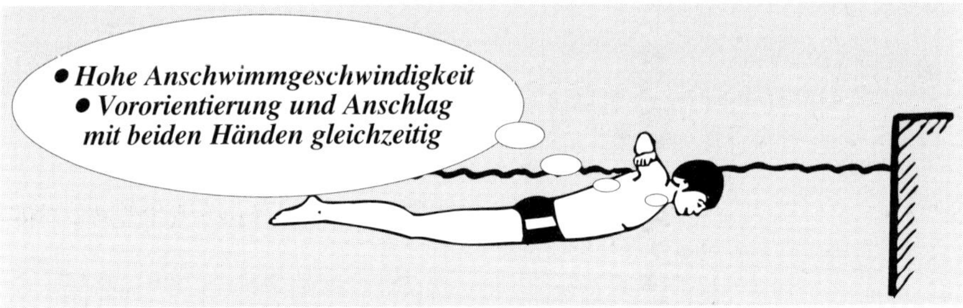

● Drehung

● Abstoß und Übergang in die Schwimmbewegung

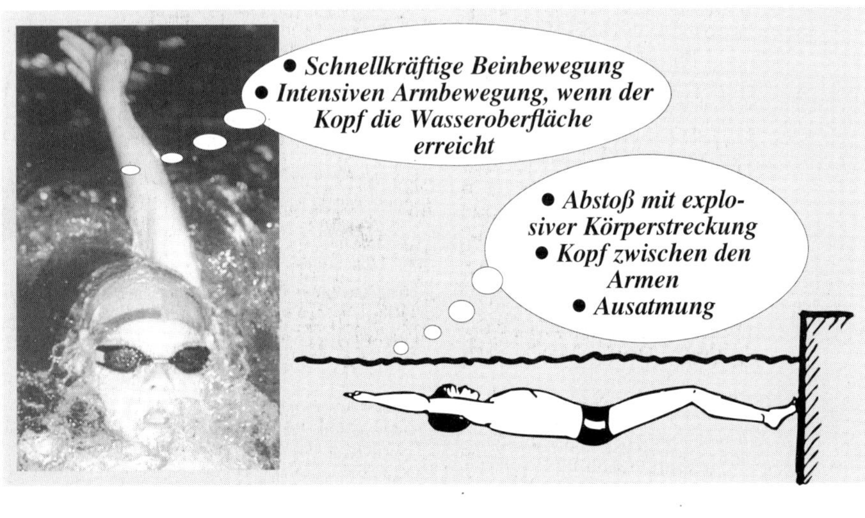

C: Lernabfolge – Lagenwende

Schmetterlingsschwimmen zum Rückenschwimmen

In der folgenden Übersicht werden für die Wende Lagenschwimmen: vom Schmetterlings- zum Rückenschwimmen Hinweise für die inhaltliche Gestaltung der einzelnen Lernschritte angeboten.

Beachte:
Die numerierte Lernabfolge ist beizubehalten!

➤ Die Reihung der **Teilanforderungen** kann der gruppentypischen Situation angepaßt und variiert werden.

☞ **Zahlreiche Tips** für den Trainer sollen die Trainingspraxis unterstützen. Für das zielgerichtete Lerntraining können zur weiteren Qualifizierung der Schwimmtechnik spezielle Übungsformen im ● **Wasser-** bzw. ❍ **Landtraining** angewendet und durch den Trainer weiterentwickelt werden.

Imitation und Praxis des Bewegungsablaufs der Lagenwende vom Schmetterlings- zum Rückenschwimmen

Lernabfolge mit Fixierung der Technikmerkmale

Lagenwende vom Schmetterlings- zum Rückenschwimmen

Technikmerkmal

Spezielle Übungen beim ● Wasser- ❍ Landtraining

☞ Tips für den Trainer

Anschwimmen und Anschlag

1.

➤ **Anschwimmen mit Vororientierung und Anschlag.**

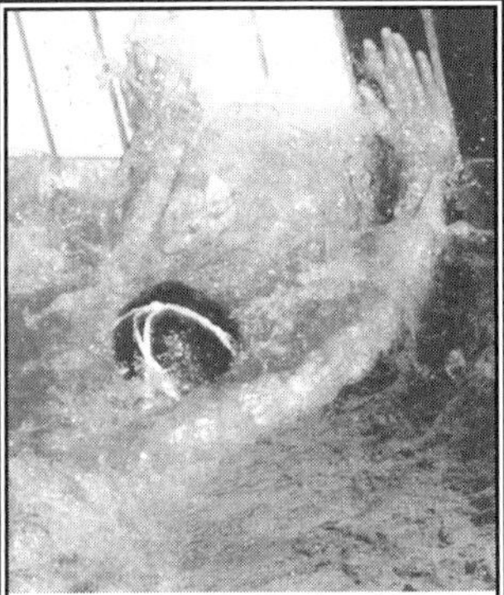

Anschlag mit beiden Händen gleichzeitig

❍ ***Imitationsübungen*** *zur Verinnerlichung des* ***Bewegungsablaufs der Lagenwende.***

● ***Übung A***:
8-10 m vor der Wand im Wettkampftempo anschwimmen ➞ Vororientierung ➞ Anschlag mit beiden Händen gleichzeitig.
Anzahl der Wiederholung (A.-Wdh.) = 2 bis 3 x 8-10 m und anschließend Schwimmkombination (RGL + RB) bis zur 10 m-Ausgangsstellung zurück.

☞ **Nicht abbremsen oder angleiten!**
☞ **Hände gleichzeitig in Höhe der Wasseroberfläche anschlagen!**

➤ **Anschlag und Vorbereitung zum Abstoß.**

Kopf aktiv in den Nacken drücken und Hände stoßen sich kräftig von der Wand ab

● ***Übung B***:
➞ Ablauf wie ***Übung A.***
Anschließend aus dem Abstoß in der Rückenlage ➞ Kurzes Gleiten ➞ Intensive RB unter Wasser bis ca. 8 m ➞ Weiterschwimmen in SK zur Ausgangsposition zurück.
A.-Wdh. = 2 bis 3 x 8-10 m, und anschließend aus dem Abstoß RB unter Wasser sowie RGL + RB bis zur 10 m-Ausgangsstellung zurück.

☞ **Kopf wird aktiv und schnell in den Nacken gedrückt!**
☞ **Hände drücken sich gleichzeitig und kräftig von der Wand ab!**

- ***Übung C*:**
  ➟ Ablauf wie ***Übung A.***
  A.-Wdh. =2 bis 3 x 8-10 m, anschließend aus dem Abstoß RB unter Wasser sowie RGL + RB bis zur 10 m-Ausgangsstellung zurück.

☞ **Beine schnellkräftig zur Wand anhocken!**

Abstoßübungen

2.

➤ **Sichere Abstoßstellung an der Wendewand.**

❍ *Erklären, Demonstrieren und kurzes, aber regelmäßiges* ***Üben der Abstoßstellung in Rückenlage.***

☞ **Sichere Fußstellung unter Wasser an der Wand!**

➤ **Abstoß und kurze Gleitphase.**

- **Abstoßübungen:**
  ***Übung A*:** Kräftiger Abstoß in Rückenlage ➟ Übergang zur RB unter Wasser bis ca. 10 m.
  A.-Wdh. = 2 bis 4 x 8-10 m, anschließend RGL + RB bis 10 m Ausgangsstellung zurück.

☞ **Körperstreckung und Kopf zwischen den Armen!**
☞ **Intensive RB mit gleichmäßiger bis vollständiger Ausatmung!**

- ***Übung B*:** Kräftiger Abstoß in Rückenlage ➟ Übergang zu RB unter Wasser bis ca. 8 m ➟ Übergang zur R-Gesamtbewegung bis ca. 12,5 m.
  A.-Wdh. = 2 bis 4 x 10-12,5 m, anschließend B-Gleitübung bis zur Ausgangsstellung zurück.

☞ **Hohe Intensität und kraftvolle RB bei gut gestreckter Armhaltung!**
☞ **Gleichmäßige bis vollständige Ausatmung unter Wasser!**

Drehung – Abstoß

3.

➤ **Drehung mit Abdruck der Hände.**

❍ *Entwicklung und Verbesserung der* ***Orientierungs- und Kopplungsfähigkeit.***

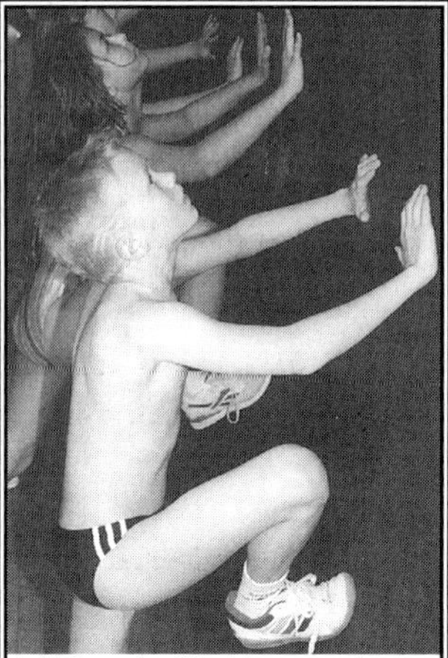
Aufrichten des Oberkörpers nach oben hinten

➤ **Drehung mit aktiven Kopfeinsatz.**

- ***Übung A*:**
  6-8 m vor der Wand im Wettkampftempo anschwimmen ➞ Vororientierung ➞ Anschlag ➞ Drehung ➞ Kopf aktiv und schnell in den Nacken drücken ➞ Abdruck der Hände von der Wand ➞ Abstoß ➞ Kurzes Gleiten ➞ Intensive RB unter Wasser bis ca. 8 m ➞ Weiterschwimmen in SK zur Ausgangsposition zurück.
  A.-Wdh. = 2 bis 3 x 8-12,5 m, anschließend Schwimmkombination (RGL + RB) bis zur 12,5 m-Ausgangsstellung zurück.

☞ **Anschlag mit leicht gebeugten Ellenbogen!**
☞ **Abdruck der Hände, Aufrichten des Oberkörper nach oben hinten in die neue Schwimmrichtung!**

- ***Übung B*:**
  ➞ Ablauf wie ***Übung A.***
  A.-Wdh. = 2 bis 3 x 8-12,5 m, anschließend RGL + RB bis zur 12,5 m-Ausgangsstellung zurück.

☞ **Knie explosiv anhocken und Füße nehmen eine sichere Abstoßstellung ein!**
☞ **Kopf wird aktiv und schnell in den Nacken gedrückt!**
☞ **Kopf bleibt zwischen den gut gestreckten Armen!**

Variation:

- **Querbahntraining:**
  Aus dem Startsprung oder Abstoß mit maximalem Tempo im Schmetterlingsschwimmen an die gegenüberliegende Wand anschwimmen ➞ Anschlag ➞ Abstoß ➞ Übergang in RB unter Wasser (ausatmen) bis zur Startwand zurück ➞ Anschließend aktive Pause mit Lockerschwimmen.
  A.-Wdh. = 4 bis 8 x 12,5 m, anschließend SK.

☞ **1 bis maximal 2 Technikschwerpunkte festlegen!**

Idee:

- **Querbahntraining – Kampftraining:**
  Es wird eine Querbahn (ca. 12,5 m) aus dem Abstoß mit Schmetterlingsschwimmen begonnen ➞ Wende zum Rückenschwimmen ➞ Abstoß ➞ RB unter Wasser (ca. 8 m) ➞ Sowie Rückenschwimmen bis zur Gegenseite.
  „Wer ist der schnellste R-S Wender?“

Trotz Kampfstimmung auf technisch korrekte Ausführung achten!

Wettbewerb:

- **Querbahn-Staffeltraining:**
  ➞ Ablauf wie ***Idee:***
  RB unter Wasser (ca. 8 m) ➞ Sowie R bis zur Gegenseite ➞ Anschlag ➞ Auftrag des folgenden Sportler u.s.w. ➞ Bis alle Sportler der Staffelgruppe 1 bis 3 x geschwommen sind.
  „Wer ist die schnellste Wendestaffel?“

Querbahn-Staffeltraining

☞ **Auf technisch korrekte Ausführung achten!**

❍ *Übungen zur Entwicklung und Verbesserung der* ***Sprungkraft.***

❍ *Entwicklung und Verbesserung der* ***Orientierungs- und Kopplungsfähigkeit.***

Tips:

Spielerische ***Übungsformen*** *zur Schulung der Drehung und des Überganges zum Rückenschwimmen:*

- Schmetterlingsschwimmen ➞ Auf Kommando (deutlich hörbarer Pfiff) aus der Armstreckung ➞ Freiwasserdrehung und in die Schwimmrichtung zurück ➞ RB mit gut gestreckten Armen (8x RB - Schläge) ➞ R-Gesamtbewegung ➞ Auf Kommando (deutlich hörbarer Doppelpfiff) aus der Armstreckung ➞ Freiwasserolle rw. und in die Schwimmrichtung zurück ➞ 4 DB unter Wasser ➞ Anschließend Schmetterlingsschwimmen u.s.w.

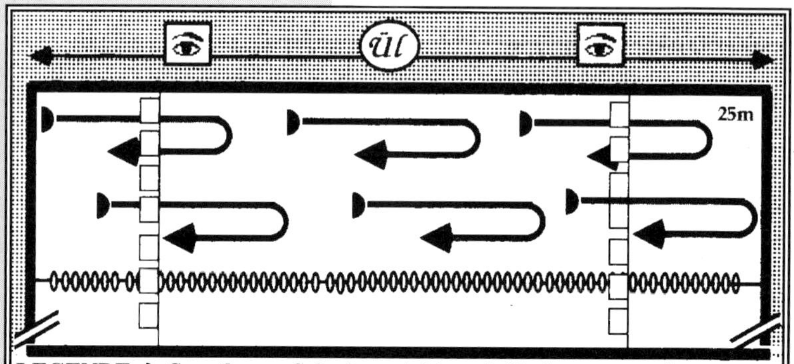

LEGENDE: ◗ Sportler → Schwimmrichtung) Freiwasserwende

!

Achtung: **Diese spielerische Trainingsform erfordert Konzentration, Reaktionsschnelligkeit und Disziplin.**

Drehung – Abstoß – Übergang Schwimmbewegung

4.

Dieser Technikausschnitt der Drehung, Abstoß und Übergang in die Schwimmbewegung ist der wichtigste, aber gleichzeitig auch schwierigste Teil in der Ausführung. Ein richtig gezieltes, methodisches Vorgehen bis ins kleinste technische Detail ist ein Erfolgsgarant für einen hohen Zeitgewinn (Rentabilität bei der Ausführung) dieser Wendetechnik!

➤ **Aus der Drehbewegung in den Abstoß.**

❍ *Übungen zur Verbesserung und Kräftigung der **Bauchmuskulatur.***

❍ *Verbesserung **koordinativer Voraussetzungen** wie die der*
*• **Orientierungs-** und*
*• **Kopplungsfähigkeit.***

❍ Spielerische Laufübungen mit schnellen Drehungen auf Kommando mit und ohne aktiven Kopfeinsatz.

❍ Spiele mit schnellen Drehungen um die Körperlängsachse.

❍ Staffelspiele zur Erweiterung der Bewegungserfahrung.

- ***Übung A***:
  6-8 m vor der Wand im Wettkampftempo anschwimmen ➞ Vororientierung ➞ Anschlag ➞ Drehung ➞ Kopf aktiv und schnell in den Nacken drücken ➞ Abdruck der Hände von der Wand ➞ Abstoß ➞ Kurzes Gleiten ➞ Intensive RB unter Wasser bis ca. 8 m ➞ R bis etwa 12,5 m ➞ Weiterschwimmen in SK zur Ausgangsposition zurück.
  A.-Wdh. = 2 bis 3 x 6-12,5 m, anschließend Schwimmkombination RGL + RB bis zur Ausgangsstellung zurück.

☞ **Schnellkräftiges Anhocken der Beine zur Wand!**
☞ **Abdruck der Hände, Aufrichten des Oberkörpers nach oben hinten in die neue Schwimmrichtung!**

➤ **Übergang in die Schwimmbewegung.**

Mit Auftauchen des Kopfes erfolgt der Übergang zur Gesamtbewegung

- ***Übung B***:
  ➞ Ablauf wie ***Übung A.***
  A.-Wdh. = 2 bis 3 x 6-12,5 m, anschließend B-Gleitübungen bis zur Ausgangsstellung zurück.

☞ **Auf schnellkräftige RB unter Wasser achten!**
☞ **Mit den Händen und dem Kopf allmählich den Körper zur Wasseroberfläche lenken bei gut gestreckter Körperlage!**

- ***Übung C***:
  ➞ Ablauf wie ***Übung A.***
  A.-Wdh. = 2 bis 3 x 6-12,5 m, anschließend RGL + RB bis zur Ausgangsstellung zurück.

☞ **Gleichmäßige und vollständige Ausatmung unter Wasser!**
☞ **Bewußter Krafteinsatz beim Übergang zur Gesamtbewegung!**

➤ **Kopf- und Armsteuerung beim Übergang in die Schwimmbewegung.**

- ***Übung D***:
  ➞ Ablauf wie ***Übung A.***
  A.-Wdh. = 2 bis 3 x 6-12,5 m, anschließend B-Gleiten bis zur Ausgangsstellung zurück.

☞ **Kopf bleibt zwischen den Armen!**
☞ **Hände und Kopf lenken den gut gestreckten Körper zur Wasseroberfläche!**

➤ **Übergang in die Schwimmbewegung aus dem vollständigen Bewegungsablauf.**

- ***Übung E***:
  ➞ Ablauf wie ***Übung A.***
  A.-Wdh. = 2 bis 3 x 6-12,5 m, anschließend B-Gleiten bis zur Ausgangsstellung zurück.

☞ **Fließende Übergänge zwischen den einzelnen Lern-Teilschritten!**

Wettbewerb:

- 12,5 m vor der Wand mit Schmetterlingsschwimmen im Wettkampftempo anschwimmen ➞ Wende ➞ Kurzes Gleiten ➞ RB ➞ R-Gesamtbewegung bis 12,5 m.
  A.-Wdh. = 2 bis 4 x.

☞ **Gemessen wird die Zeit mit „Kopfdurchlauf“!**
„Wer ist der schnellste und technisch perfekte Wendenschwimmer vom Schmetterlings- zum Rückenschwimmen?“

Beachte:

!

Jedes Wendentraining muß mit hoher Konzentration, Bewußtheit sowie mit anzustrebender Perfektion der einzelnen Phasen geübt werden!

Tips zum Technik-Lerntraining

A: Standard - Lagenwende

Übungsdauer: ±15 Minuten.

A.-Wdh./ Streckenumfang: 4-6 x. Eingeordnet in die Teilstreckenlänge (TSL) bis 100-200 m entsprechend der Serienanforderung.

Intensität: I. Abschnitt der Technikanforderung in maximaler Schnelligkeit (Sprint) mit einer Belastungsdauer ±10". Höchste Schnelligkeit in technischer Perfektion.
II. Abschnitt Schwimmkombination als Lockerschwimmen.

Aktive Pause: 2 bis 3 Minuten (mit Lockerschwimmen).

Idee: Armbewegung im Kraul-Abschlag mit KB.

I. Abschnitt:
6-10 m im Schmetterlingsschwimmen anschwimmen (Wettkampftempo!) mit dem höchsten Tempo zwischen der Flaggenbegrenzung (5 m + 5 m) ➞ Wende ➞ Übergang zu RB ➞ Bis ca. 8 m unter Wasser bei gleichmäßiger Ausatmung ➞ Beginn der Gesamtbewegung beim Auftauchen des Kopfes ➞ Hohes Tempo beim Rückenschwimmen bis zur festgelegten Markierung ➞ [Stop].

II. Abschnitt:
➞ *Fortsetzung des Schwimmens in SK ➞ [Stop].*

- ☞ **Auf schnelle und technisch korrekte Wendenausführung achten!**
- ☞ **Schnellkräftige Rückenbeinbewegung nach dem Abstoß!**
- ☞ **Beachtung der „verlängerten" Unterwasserphase beim Übergang zum Rückenschwimmen!**

Beachte:

In den Technik-Lerntrainingseinheiten sollten die entsprechenden technischen Anforderungen einzeln geübt und erst bei guter Beherrschung der Technikanforderung die darauf folgende Lernstufe aufgebaut werden!

● Empfehlung zur Organisation

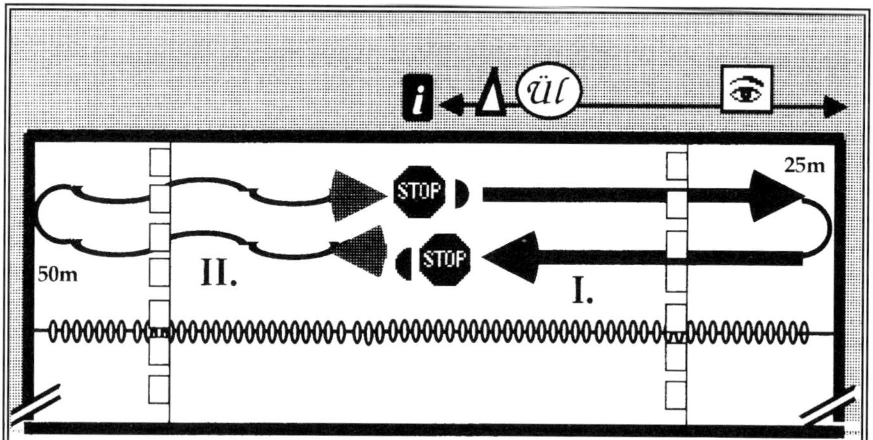

LEGENDE:

i = Informationsgebung durch den ÜL/T/L ÜL = Übungsleiter/Trainer/Lehrer oooo = Schwimmleine
ÜL = Standort 👁 = Beobachtungsbereich /// = Begrenzungsfähnchen (5 m vor der Wand)
➧ I. + II. Abschnitt

Test:

- Derselbe Übungsablauf wie o.g. Lerntraining.

☞ **Es wird Zeit genommen: 5 m vor der Wendenwand bis 5 m danach.**

Die Zeitmessung erfolgt mit „Kopfdurchlauf" unter der Markierung.
„Wer ist der beste Wendenschwimmer?"

! **Das Wende-Techniktraining in der Mitte der Bahn und nicht im „Rechtsverkehr" üben.**

Tips zum Lagenwenden-Lerntraining

• – Start (Schmetterling)
– Lagenwenden (S/R + R/B + B/K)
– Anschlag (Kraul)

Übungsdauer: ±20 Minuten.

A.-Wdh./ Streckenumfang: 3-6 x. Eingeordnet in die Teilstreckenlänge (TSL). 150-300 m. Entsprechend der Serienanforderung.

Intensität: I.+III.+V. Abschnitt der Technikanforderung in maximaler Schnelligkeit (Sprint) mit einer Belastungsdauer ±10". Höchste Schnelligkeit in technischer Perfektion. II.+IV. Abschnitt Schwimmkombination als Lockerschwimmen.

Aktive Pause: 2 bis 3 Minuten (mit Lockerschwimmen).

Idee: In der Rückenlage Armbewegung im Abschlag mit Rückenbeine.

• *Erste 100- bis 150 m- Serie:*

I. Abschnitt:

Start mit Übergang zum Schmetterlingsschwimmen.

Absprung auf Kommando → Schnellkräftige DB unter Wasser → Beginn der Gesamtbewegung mit Auftauchen des Kopfes, mit hohem Tempo S-Gesamtbewegung fortsetzen bis zur festgelegten Markierung → [Stop], Informationshinweise.

II. Abschnitt:

Lockerschwimmen.

In Schwimmkombination bis zur folgenden festgelegten Markierung → [Stop].

III. Abschnitt:

Lagenwende Schmetterlings- zum Rückenschwimmen.
Anschwimmen zum Anschlag ➞ Drehung in die Rückenlage ➞ Abstoß unter Wasser ➞ Schnellkräftige RB unter Wasser ➞ Übergang in die R-Gesamtbewegung bis zur folgenden festgelegten Markierung ➞ [Stop].

IV. Abschnitt:

Lockerschwimmen.
In Schwimmkombination bis zur folgenden festgelegten Markierung ➞ [Stop].

V. Abschnitt:

Anschlag mit Kraulschwimmen.
Anschwimmen zum Anschlag in hohem Tempo ➞ Vororientierung (Flaggenbegrenzung) ohne Abbremsen oder Tempoverlust schnellkräftig an die Wand anschlagen ➞ [Stop], Informationshinweise.

• Zweite und dritte 100- bis 150 m-Serie:

I. Abschnitt: ➞ **Start mit Übergang zum Schmetterlingsschwimmen.**

II. Abschnitt: ➞ **Lockerschwimmen.**

III. Abschnitt: ➞ **Lagenwende Rücken- zum Brustschwimmen.**

IV. Abschnitt: ➞ **Lockerschwimmen.**

V. Abschnitt: ➞ **Anschlag mit Kraulschwimmen.**

• Vierte 100- bis 150 m-Serie:

I. Abschnitt: ➟ Start mit Übergang zum Schmetterlingsschwimmen.

II. Abschnitt: ➟ Lockerschwimmen.

III. Abschnitt: ➟ Lagenwende Brust- zum Kraulschwimmen.

IV. Abschnitt: ➟ Lockerschwimmen.

V. Abschnitt: ➟ Anschlag mit Kraulschwimmen.

• Empfehlung zur Organisation

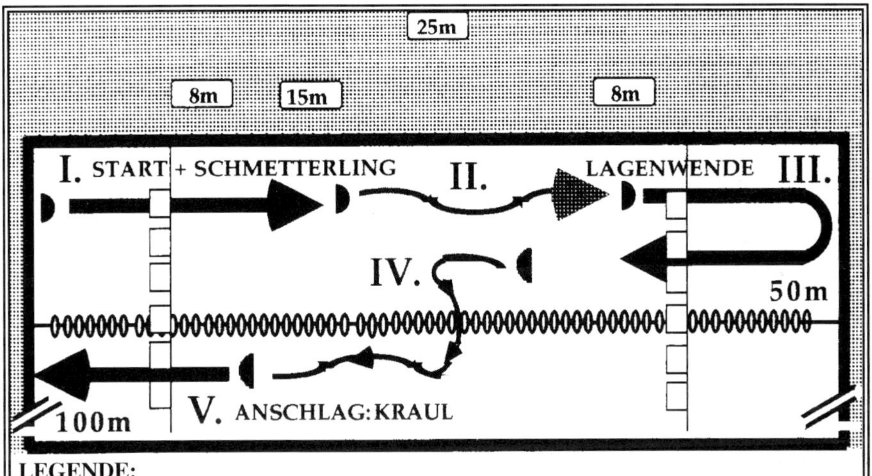

LEGENDE:

i = Informationsgebung durch den ÜL/T/L ÜL = Übungsleiter/Trainer/Lehrer oooo = Schwimmleine
ÜL = Standort 👁 = Beobachtungsbereich /// = Begrenzungsfähnchen (5 m vor der Wand)
▶ I.-V. Abschnitt

Beachte:

Bassin verlassen bzw. Wand freihalten für die folgenden Sportler.

Die erforderlichen Technikhinweise sollten positiv orientiert zur motivationalen Unterstützung gegeben werden.

Hinweise zum technikorientierten Einschwimmen nur auf eine Bewegungsaufgabe beschränken!

! Das Start-, Wende- und Anschlag-Techniktraining in der Mitte der Bahn und nicht im „Rechtsverkehr" üben.

2.6 Testformular – Schwimmtechnik

Testformular - Schwimmtechnik

Name: Vorname: Gruppe: Datum:

A: Schmetterlingsschwimmen

Bewegungsmerkmal **Punkte**

1. Beinbewegung

- Wirkungsvolle und ununterbrochene „Bewegungsübertragung“ vom Rumpf bis zu den Füßen. ☐
- Zwei Delphinbewegungen bei einem Armzyklus. ☐

2. Atmung und Armbewegung

- Rhythmische Ein- und Ausatmung innerhalb zweier Armzyklen. ☐
- Pausenlose Bewegung der Arme mit „Wasserfassen“ weit vor dem Kopf mit den Händen zuerst in Schulterbreite. ☐

3. Gesamtbewegung

- Die Koordination der Arm-, Atmung und Delphinbewegung verläuft fließend. ☐

Maximale Punktzahl = 5 ☑ **Summe:**

B: Start + Übergang Schwimmbewegung

Bewegungsmerkmal **Punkte**

1. Startstellung und Absprung

- Aus einer sicheren Startstellung erfolgt der schnellkräftige Absprung mit schwungvoller Armbewegung nach vorn in die Absprungrichtung. ☐

2. Flug- und Eintauchphase

- Gut gestreckte Körperhaltung vom Verlassen des Startblockes bis zum Eintauchen. ☐

3. Übergang Schwimmbewegung

- Kurze Gleitphase bei völliger Körperstreckung. ☐
- Schnelle und kraftvolle Delphinbewegungen bei gleichmäßiger Ausatmung. ☐
- Erst wenn der Kopf die Wasseroberfläche erreicht hat, setzt die Armbewegung ein und nach dem zweiten Armzyklus wird eingeatmet. ☐

Maximale Punktzahl = 5 ☑ **Summe:**

C: Wende – Schmetterlingsschwimmen

Bewegungsmerkmal **Punkte**

1. Anschwimmen und Anschlag

- Mit voller Geschwindigkeit anschwimmen, Anschlag mit beiden Händen gleichzeitig bei leicht gebeugten Ellenbogen. ☐

2. Drehung

- Drehung des Oberkörpers an der Wasseroberfläche mit aktivem Kopfeinsatz in die neue Schwimmrichtung. ☐
- Explosives Anhocken der Beine mit festem Halt der Füße in Abstoßrichtung. ☐

3. Abstoß + Übergang in die Schwimmbewegung

- Nach dem kräftiger Abstoß unter Wasser erfolgt nach kurzem Gleiten die intensive Delphinbewegung. ☐
- Einsatz der Armbewegung, wenn der Kopf die Wasseroberfläche erreicht und erst nach dem zweiten Armzyklus wird eingeatmet. ☐

Maximale Punktzahl = 5 ☑ **Summe:**

Erläuterungen zu den verwendeten Abkürzungen

AK	Altersklassen
Arme	Armbewegung
A.-WdH.	Anzahl der Wiederholungen
BA	Brustschwimmen, Armbewegung
Beine	Beinbewegung
BL	Brustlage
BSK	Brustschwimmkombination
DB	Delphinbewegung
FQ	Frequenz, bezogen auf die Anzahl der Armzüge bzw. Beinschläge beim Schwimmen
GA	Grundlagenausdauer
GB	Gesamtbewegung
Ges.h	Gesamtstundenumfang
h	Stunde
Hf	Herzfrequenz
K	Kraulschwimmen
KA	Kraulschwimmen, Armbewegung
KB	Kraulschwimmen, Beinbewegung
km	Kilometer
KSK	Kraulschwimmkombination
L	Lehrer
LA	Landtraining
LA	Lagenschwimmen
La/h	Landtrainingsstunde
LASK	Lagenschwimmkombination
L/D/B	Lockerung/Dehnung/ Beweglichkeit
LWS	Lendenwirbelsäule
m	Meter
m/s	Meter pro Sekunde
MP	Mindestpunktzahl
Pb	Pullbuoy
R	Rückenschwimmen
RA	Rückenschwimmen, Armbewegung
R-Abschlag	Rückenschwimmen mit Handabschlag
RB	Rückenschwimmen, Beinbewegung
RGL	Rückengleichlage
RL	Rückenlage
RSK	Rückenschwimmkombination
rw.	rückwärts
s	Sekunde
S	Schmetterlingsschwimmen
S	Schnelligkeit
SA	Schmetterlingsschwimmen, Armbewegung
SF	Schwimmflossen
SK	Schwimmkombination
SL	Seitenlage
STP	Schwimmtrainingsprogramme
sw.	seitwärts
T	Trainer
TA	Trainingsabschnitt
TAM	Training mit allgemeinen Mitteln
TE	Trainingseinheit
TSL	Teilstreckenlänge
TSM	Training mit speziellen Mitteln
TZ	Tauchzug
ÜL	Übungsleiter
vw.	vorwärts
WA	Wassertraining
Wa/h	Wassertrainingsstunde
WK	Wettkampf

Literaturverzeichnis

Bucher, W: (Gesamtredaktion)
1015 Spiel- und Kombinationsformen in vielen Sportarten
Verlag Karl Hofmann, Schorndorf 1989

Brunner/Knebel/Wirth:
Das Konditionstraining des Schwimmers, Teil 1 – Trockentraining
Verlag Bartels und Wernitz 1976

Counsilman, J. E.:
Handbuch des Sportschwimmens für Trainer, Lehrer und Athleten
Schwimmsport-Verlag Fahnemann 1980

Danckert, D./Dietze, J.:
Zur Vervollkommnung des Trainingsprozesses im Sportschwimmen bei Kindern im Alter von 8 bis 10 Jahren
Dissertation zur Promotion A, DHfK Leipzig 1973

Davies, Sharron:
Schwimmen-Lernen leicht • schnell • gründlich
Delius Klasing & Co, Bielefeld 1995

Döbler, E. u. H.:
Kleine Spiele
Volk und Wissen, Berlin 1983

Döbler, H./Schnabel, G./Thieß, G.:
Grundbegriffe der Sportspiele
Sportverlag Berlin, 1988

DTSB der DDR/DHfK Leipzig:
Sport frei, junger Schwimmer
unveröffentl. Manuskript der Forschungsgruppe der 1. Förderstufe,
Leitung: J. PIRL

DSSV der DDR:
Trainingsprogramme der 1. Förderstufe Sportschwimmen 1981-1985
Trainingskommission GLT. Gesamtleitung: PIRL, J.
unveröffentl. Arbeitsmaterial für die Trainer der 1. Förderstufe 1981

DSSV der DDR:
Trainingsprogramme der 1. Förderstufe Sportschwimmen 1985-1989
Trainingskommission GLT. Gesamtleitung: PIRL, J.
unveröffentl. Arbeitsmaterial für die Trainer der 1. Förderstufe 1985

DSSV der DDR:
Trainingsprogramme der 1. Förderstufe Sportschwimmen 1989-1993
Trainingskommission GLT. Gesamtleitung: PIRL, J.
unveröffentl. Arbeitsmaterial für die Trainer der 1. Förderstufe 1989

DSSV der DDR:
Methodisches Handmaterial Sportschwimmen
Leitung: Prof. Dr. Helga Pfeifer
DSSV der DDR, WZ Sportschwimmen, Leipzig 1985

DSSV der DDR/Verbandstrainer GLT Pirl, J:
unveröffentl. Arbeitsunterlagen zur Auswertung der 1. Förderstufe Schwimmen

DSSV der DDR:
Kriterien und Normen für die Überprüfung der TZ-Trainingsjahre und der Auswahl für die Kinder- und Jugendsportschulen 1986-1990
Berlin, Verbandstrainer: Pirl, J.1985

DSSV der DDR:
Kriterien und Normen für die Überprüfung der TZ-Trainingsjahre und der Auswahl für die Kinder- und Jugendsportschulen 1990-94
Berlin, Verbandstrainer: Pirl, J.1990

Eich, H.J.:
Anregungen zur Ausbildung im Anfängerbereich – Hinführung zum Schwimmer
DSV e.V. Mainz, Band 4, 1991

Fahnemann, M.:
Schwimmtechnik in Bild und Text
Ottdruck Großhilde, Bockenem 1.1977

Filin, V.D.:
Forschungsmethoden in der Körperkultur
Moskva, Fizkul't. i sport 1961

Freitag, W.:
Grundausbildung und Grundlagentraining im Schwimmen
Der Schwimmtrainer 12/1989. DSTV e.V. Solingen

Fröhner, G.:
Die Belastbarkeit als zentrale Größe im Nachwuchstraining
Philippka-Verlag 1993, Münster

Graumann, D./Lohmann, H.S./Pflesser, W.:
Schwimmen in Schule und Verein
Pohl-Druckerei und Verlagsanstalt, Celle 1980

Haase, J.:
Spiele im · am · unter Wasser
Sportverlag GmbH, Berlin 1991

Harre, D.: (Gesamtredaktion)
Trainingslehre
Sportverlag Berlin, 1985

Hirtz, P.:
Koordinative Fähigkeiten im Schulsport
Volk und Wissen, Volkseigener Verlag, Berlin 1985

Janssen, P.:
Ausdauertraining – Trainingssteuerung über die Herzfrequenz und Milchsäure-Bestimmung
Beiträge zur Sportmedizin, Band 34
Fachbuch Verlagsgesellschafl GmbH, Erlangen 1989

Joeres, U./Weichert, W.:
Schwimmen – Bewegen und Spielen im Wasser
Rowohlt Taschenbuch Verlag GmbH, Hamburg 1987

Krüger, A.:
Hat sich die Sportpädagogik aus dem Leistungssport verabschiedet?
Leistungssport 6/1991; Philippka-Verlag, Münster

Komar, I.:
Test/Testverfahren zur Überprüfung der Leistungsfähigkeit im Aufbautraining
Referat zur Tagung des DSTV, Karlsruhe, d. 15.2.92

Komar, I.:
Modifizierung des Grundlagentrainings im Sportschwimmen für die Weiterentwicklung des Kindertrainings in Vereinen am Beispiel von Schwimmgruppen in Belgien
Dissertation, Universität Leipzig 1993

Komar, I.:
Schwimmtechnik – Planmäßiger Aufbau beim Kinder- und Jugendtraining
Referat zur Tagung des DSTV, Warendorf, d. 28.10.95

Komar, I.:
Erstschwimmart Rücken–Kraulschwimmen
Fachbeiträge WSV, Duisburg 1996

Komar, I.:
Schwimmtechnik – Fehlererkennung und Fehlerkorrektur beim
Kinder- und Jugendtraining
Referat zur Tagung des DSTV, Warendorf, d. 28.10.95

Leistungssport, Heft 5/1991:
Zeitschrift für die Fortbildung von Trainern, Übungsleitern und Sportlehrern
Philippka-Buchversand

Lewin, G.:
(Gesamtredaktion)
Schwimmsport
Sportverlag Berlin, 1982

Lehnert, A.:
(Gesamtredaktion)
Planung, Organisation und Untersuchungsmethoden der
Leistungssportforschung
Beiträge aus dem Forschungsinstitut für Körperkultur und Sport, Leipzig 1979

Martin, D/Carl, K./Lehnertz, K.:
Handbuch Trainingslehre
Schorndorf 1991

Matthes, L.:
Gymnastikprogramme der AK 8-10
(Erwärmung/Beweglichkeit/Lockerung/Dehnung)
unveröffentl. Arbeitsmaterial für Schwimmtrainer, Leipzig 1977

Neumann, G.:
Leistungsstruktur in den Ausdauersportarten aus sportmedizinischer Sicht
Leistungssport 3/90; Philippka-Verlag, Münster

Pfeifer, H.:
Zyklisierung und Akzentuierung zur Erzielung von Belastungsfähigkeit für
geplante Zeitpunkte im Sportschwimmen
Theorie und Praxis Leistungssport 25, 1987, Heft 3

Pfeifer, H.:
Schwimmen
Sportverlag GmbH, Berlin 1991

Pirl, I.:
Koordinative Übungen, Unveröffentlichte Arbeitsunterlagen 06.1996

Rehn, H.:
Schulung koordinativer Fähigkeiten im Nachwuchsbereich des
Sportschwimmens nutzlos oder sinnvoll? – Eine Betrachtung aus technischer
Sicht der Sportschwimmarten Brust und Schmetterling –
DSV e.V. Mainz, Band 4/1991

Reiss, M./Pfeifer, H.:
Leistungsreserven im Ausdauertraining
Theorie und Praxis Leistungssport, Berlin 1991

Reischle, K.:
Besser Schwimmen
Sportinform Verlag GmbH, Franz Wöllzenmüller, Oberhaching 1988

Renner, W./Dietze, J./Müller, Ch.:
Schwimmen – Anleitung für den Übungsleiter
Sportverlag Berlin,1987

Rodionow, A.W./u.a.:
Psychologie in Training und Wettkampf
Sportverlag Berlin,1982

Saziorski, W.M.:
Biomechanische Grundlagen der Ausdauer
Sportverlag Berlin,1986

Schnabel, G./Jähnig, W.:
Technik der Sportschwimmarten, der Starts und Wenden
unveröffentl. Arbeitsmaterial DHfK, Leipzig 1979

Schnabel, G.:
Leistungsstruktur, Trainingsstruktur und ihr Zusammenhang
Medizin und Sport 21, 1981

Schramm, E.: (Gesamtredaktion)
Sportschwimmen – Hochschullehrbuch
Sportverlag, Berlin 1987

Seibert, W.:
Gezieltes Krafttraining: Bessere Leistungen in allen Sportarten
Verlag GmbH Franz Wöllzenmüller, Oberhachingen 1985

Scholich, M.:
Kreistraining
Sportverlag Berlin, 1988

Stichert, K.H.:
Ausarbeitung eines Lehrmaterials für die Hand des Kindes zur Unterstützung des Trainingsprozesses im Sportschwimmen
unveröffentl. Diplomarbeit, Leipzig 1966

Stiehler, G.: (Gesamtredaktion)
Methodik des Sportunterrichts
Volk und Wissen, Volkseigener Verlag, Berlin 1966

Thiess, G./Schnabel, G./Baumann, R.:
Training von A bis Z
Sportverlag, Berlin 1980

Thiess, G./Schnabel G.:
Grundbegriffe des Trainings
Sportverlag, Berlin 1985

Sporttitel im Meyer & Meyer Verlag

Adventure Sports
Bergmann/Butz - Big Foot
Haas - Mountainbiking
Haetzel - The Big Race across America
Hottenrott/Urban - In-Line Skating
Knoller/Frühwirth - Paragliding
Köppern - Bungee-Springen
Krohn - Beach Volleyball
Schädle-Schardt - Klettern

Athleten und Trainer
Castella - Laufen – mein Leben
Coe - Running Free
Galloway - Richtig laufen mit Galloway
Hinault - Eine Radsportkarriere
Lydiard - Laufen mit Lydiard
Martin/Coe - Mittel- und Langstreckentraining
Sleamaker - Systematisches Leistungstraining
Waitz - Grete Waitz – Worldclass

Badminton
Lemke/Meseck - Badmintontraining
Lemke/Meseck - Handbuch für Badminton

Ballspiele
Dietrich - Die Großen Spiele
Glorius/ Leue - Ballspiele Bd. 1
Glorius/ Leue - Ballspiele Bd. 2

Baseball
DBV, Regelheft Softball
Niedlich - Handbuch Baseball
Schmeilzl/Church - Baseballtraining
Voss - Regelheft Baseball

Basketball
Mikes - Handbuch Basketball
Neumann - Basketballtraining
Niedlich - Streetballtraining

Bewegungserziehung
Bischops/Gerards - Kinderradfahren
Bischops/Gerards - Tips für Sportspiele
Bischops/Gerards - Tips für neue Wettkampfspiele
Bischops/Gerards - Tips für Sport in der Lebensmitte
Bischops/Gerards - Tips für Gesundheit durch Sport
Bischops/Gerards - Tips fürs Aufwärmen im Sport
Bischops/Gerards - Tips für Kinderfußball
Blume - Akrobatik mit Kindern
Diem - Auf die ersten Lebensjahre kommt es an
Dombrowski - Leichtathletik mit Grundschulkindern
Gerling - Kinderturnen – Helfen & Sichern
Henßen - Kinder auf dem Weg zum Tanzsport
Kapustin - Familie und Sport
Kapustin - Schule und Sportverein
Kapustin - Sport f. Erwachsene mit geistiger Behinderung
Rheker - Spiel und Sport für alle
Stein - Kleinkinderturnen ganz groß
Zimmer - Bewegung, Sport und Spiel mit Kindern
Zimmer - Kinder brauchen Bewegung
Zimmer - Sport und Spiel im Kindergarten

Cartoon
Aguilar - Die wundersame Welt der Turner

Ernährung/Gesundheit
van Aaken - Programmiert für 100 Lebensjahre
Bailey - Fett verlieren - Form gewinnen
Baumann - Psychologie im Sport
Hoberman - Sterbliche Maschinen
Jung - Sport und Ernährung
Kennedy - Taping im Sport
Meyer - Schlank
Neumann - Ernährung im Sport
Ott/Beckenbach - Fit - aber richtig!
Rausch - Fit bis zum Umfallen
Schaller/Kirchner - Motorisches Lernen im Alter
Shangold - Sportmedizin für Frauen
Williams - Rekorde durch Doping?
Wollring - Gymnastik im Herz- und Alterssport

Fußball
Bischops/Gerards - Handbuch Kinder- und Jugendfußball
Bischops/Gerards - Handbuch Mädchen- u. Frauenfußball
Bischops/Gerards - Tips für Kinderfußball
Bischops/Gerards - Tips für Spiele mit dem Fußball
Jackschath/Cramer - Fußballpsychologie
Kollath - Fußballtechnik in der Praxis
Reade - American Football Training
Sneyers - Fußballtraining

Golf
Flanagan - Golf – Spiel mit Kopf
Mund/Münch - Tele-Golf Bd. 1+2

Handball
Grage - Handballtraining

Hockey
Marx/Wagner - Hockeytraining